HÉCTOR HERMOSILLO

EL APRENDIZ

1 Y 2 A TIMOTEO. HOY.

Vida®

La misión de Editorial Vida es ser la compañía líder en satisfacer las necesidades de las personas con recursos cuyo contenido glorifique al Señor Jesucristo y promueva principios bíblicos.

EL APRENDIZ
Edición en español publicada por
Editorial Vida – 2013
Miami, Florida

© 2013 por Héctor Hermosillo

Editora en Jefe: *Graciela Lelli*
Edición: *Marta Liana Díaz*
Diseño interior: *Mauricio Díaz*

ISBN: 978-0-8297-6527-4

CATEGORÍA: Vida cristiana/General

IMPRESO EN ESTADOS UNIDOS DE AMÉRICA
PRINTED IN THE UNITED STATES OF AMERICA

13 14 15 16 ❖ 6 5 4 3 2 1

CONTENIDO

DEDICATORIA

Dedico este libro a quien trajo a mi vida lo que soy y lo que tengo: mi hermosa y valiente madre.

AGRADECIMIENTOS

Quiero agradecer al equipo de Editorial Vida por su gran apoyo y excelentísima colaboración para la realización de esta serie.

Especialmente agradezco a toda la familia de Semilla de Mostaza-Compañerismo Cristiano por su gran amor y paciencia en mi desarrollo como pastor y maestro, ¡pobre de ustedes! Los amo y los llevo conmigo.

Por último, pero no menos importante, agradezco a Casa de Luz, esa iglesia que a través del tiempo y la distancia sigue y seguirá en el fondo de mi corazón.

INTRODUCCIÓN

Todos aquellos que hemos sido llamados a seguir las pisadas de Jesucristo, a caminar como él caminó, sabemos que el propósito de la vida cristiana es que Cristo sea formado en nuestros corazones, que la imagen de Dios a la que fuimos creados sea restaurada por el Espíritu Santo mientras somos aprendices de Jesucristo.

Para que existan iglesias «saludables» es fundamental que sus líderes sean un ejemplo en su congregación y sepan conducirse de la mejor manera, para lograrlo no es necesario comprar el mejor manual en la mejor librería de la ciudad, tampoco hay que buscar el mejor modelo de iglesia saludable y después copiarlo. Dios nos ha dejado su Palabra, y en su Palabra están escritos estos dos pequeños capítulos: 1 y 2 de Timoteo, que son un manual para el aprendiz, el aprendiz de seguidor de Jesucristo.

Y esta es precisamente la idea que nos transmite el autor, Pablo, en el capítulo 3, versículos 14 y 15 de 1 Timoteo: «Esto te escribo, aunque tengo la esperanza de ir pronto a verte, para que si tardo, sepas cómo conducirte en la casa de Dios, que es la iglesia del Dios viviente, columna y baluarte de la verdad».

Estas dos cartas a Timoteo pertenecen al género epistolar, y se encuentran entre las escritas por

Pablo, junto con Romanos, Gálatas, Efesios, Filipenses, Colosenses, 1 y 2 Tesalonicenses, Tito, Filemón y 1 y 2 Corintios. A su vez, las dos cartas que nos ocupan están clasificadas como pastorales, porque Pablo las escribe a pastores jóvenes, a líderes de iglesia como Timoteo y Tito. Todas las demás cartas fueron escritas a iglesias, pero estas se dirigen a personas, aquellas responsables de cuidar a los creyentes, por eso son llamadas cartas pastorales.

Saulo de Tarso había sido el más grande perseguidor de los cristianos en los inicios de la iglesia primitiva, pero en el camino a Damasco se le aparece el mismo Jesucristo que no solo lo derriba a él, sino a todos sus esquemas religiosos y sociales. Al convertirse al cristianismo y tomar el nombre de Pablo, el antiguo perseguidor comenzó a anunciar enérgicamente el evangelio, defendió con tal vehemencia el evangelio de Jesucristo que tuvo que sufrir muchos padecimientos a causa de su cambio radical, entre ellos el encarcelamiento.

Pablo conoce a Timoteo en la ciudad de Listra. Los hermanos que estaban en Listra y en Iconio daban muy buenos testimonios del joven Timoteo, por eso Pablo quiso que él lo acompañara en su segundo viaje misionero. Desde ese momento, Pablo lo consideró su hijo en la fe.

Cuando Pablo sale de su primer encarcelamiento va directo a Éfeso, donde había pasado tres años y tenía muchos amigos. Allí se da cuenta de que esta ciudad estaba caracterizada por la inmoralidad y abundaban toda clase de excesos y de situaciones terribles muy similares a las que vivimos hoy en día y que continúan amenazando a la iglesia de Dios.

En su primera carta a Timoteo, escrita aproximadamente entre el año 63 y 65 A. D., le da instrucciones muy precisas para que, como aprendiz de Jesucristo, sepa cómo conducirse en la iglesia. Esta primera carta consta de seis capítulos. En los primeros tres proporciona instrucciones colectivas, mientras que los tres últimos son instrucciones más personales para Timoteo.

La primera carta es un manual por excelencia, por eso titulamos el libro El aprendiz , porque nosotros somos discípulos de Jesucristo. La segunda carta, Pablo la redacta mientras se encontraba en el segundo encarcelamiento, a causa del linchamiento que estaba llevando a cabo Nerón contra los cristianos, entre el año 64 y 68 A. D. Al leer sus cuatro capítulos nos damos cuenta de que Pablo se está despidiendo, sabe que va a morir, y como muchos señalan, le está pasando la antorcha a Timoteo. Es una carta más personal, llena de pasión y de amor por ese a quien llama su hijo amado.

Si comparamos estas dos cartas con un deporte, la primera hablaría justamente de las reglas del juego y la segunda del jugador. Si las comparamos con una guerra, la primera hablaría de tácticas militares y la segunda del soldado. Si nos refiriéramos al trabajo misionero, la primera sería a las misiones y la segunda al misionero.

Ahora, como fieles aprendices de Jesucristo, recibamos, retengamos, apliquemos y transmitamos esa valiosa enseñanza que nos brinda este manual, con nuestra mente y nuestro corazón puestos en él porque «el que practica la verdad viene a la luz, para que sea manifiesto que sus obras son hechas en Dios» (Juan 3.21).

1 TIMOTEO

¿CÓMO PROTEGERNOS?

Es maravilloso ver que los papás nunca dejamos de serlo, aun en las cosas mínimas; en el caso de mi mamá, esto se acentúa de una manera interesante. Desde que tengo uso de razón, mi mamita ha tenido frío cuando todos tenemos calor y viceversa, por eso siempre me ha costado trabajo prestarle atención cuando me dice: «Abrígate hijo, no te vayas a enfermar».

En nuestro reciente traslado a Orange County, California, recibimos de visita a mi mami, que vive en Texas, y fue muy «pintoresco» verla completamente cubierta con pantalones, suéter y, siempre, con un abrigo en la mano «por si se llega a ofrecer». Debo confesar que a veces se me hace un poquito exagerada, especialmente en esos días en que caminamos por la playa en familia. ¡Claro!, todos necesitan que papá les ayude a cargar algo, además de lo que papá necesita llevar como jefe de familia, ¿verdad? Bueno, el asunto es que uno termina como «arbolito de Navidad» con toda clase de objetos encima, y para colmo, voltear y ver a tu mamita de ochenta años, aunque con una salud extraordinaria, gracias a Dios, cargando su tremendo abrigo, su suéter y sus tenis, te toca el corazón y eres movido a ayudarla con toda su carga... otra más para el arbolito, ¿no te parece? Quizá por esos traumas existenciales me rehúso a llevar un suéter extra en el carro o en la mano, y menos cuando mi mamita me dice: «Abrígate hijo, no te vayas a enfermar».

Hace solo algunas semanas fui con mi esposa Gaby a hacer un recorrido en bicicleta a la playa de Huntington, California, donde sopla constantemente ese viento que la hace ser una de las capitales mundiales del surf. Por supuesto que era de esperar que me rehusara a llevar ese abrigo extra, al considerar todos los elementos de nuestra experiencia: playa, sol, bicicleta, California, etc. Y si a eso le sumas el «abrígate hijo, no te vayas a enfermar», la decisión es casi predecible: «No, no lo necesito, es solo un viaje en bicicleta». Durante todo el trayecto en bicicleta tuvimos el viento en contra, la mañana era muy fría y yo había tenido un día de mucho trabajo que había puesto mi sistema inmunológico listo para ceder a cualquier clase de virus que se le ocurriera atravesarse en mi camino. En la tarde ya me sentía muy enfermo, con un dolor muy fuerte de garganta que se fue rápido al pecho y se convirtió en un fuerte catarro con altas temperaturas, y yo solo pensando: «Debí haberle hecho caso a mi mami»... pero... ¿Cómo saber?

Eso no fue lo peor, lo peor fue que en casa contagié a Gaby y a mis cinco hijos, en un momento nada oportuno; Erick, mi hijo de diecinueve años, tenía que viajar a Chicago para participar en un campamento de verano, en el cual pasó la mitad del tiempo acostado y con fiebre. Israel, de veinticuatro, viajó muy enfermo a Costa Rica, donde necesitaba llegar al cien por ciento para que al lado de su hermosa Vale, arreglaran todo lo relacionado con su próxima boda. Andrés de veintiuno también tenía que participar todo el fin de semana en cuatro reuniones con horarios muy demandantes, y lo tuvo que hacer enfermo. El resto de la familia estaba en similares condiciones, y todo porque aquel que se supone que debe ser el primero en cuidarlos y protegerlos cometió un grave error: descuidarse a sí mismo y así no solo estar descalificado para hacer bien su trabajo, sino convertirse en un foco de contaminación para aquellos que dependen de él.

¿Cuáles son las cosas que ponen en peligro a un líder? ¿De qué manera debe conducirse un líder en la iglesia de Jesucristo a fin de protegerse a sí mismo y poder proteger a los demás?

Consideremos estas y otras interesantes preguntas a la luz de este fascinante capítulo.

1.1 Pablo, apóstol de Jesucristo por mandato de Dios nuestro Salvador, y del Señor Jesucristo nuestra esperanza.

En esta carta, Pablo no solo se presenta como un siervo de Cristo, sino como alguien a quien Dios le da un decreto. Por eso en 1 Corintios 9.16 Pablo escribe: «¡ay de mí si no anunciare el evangelio!». Era un mandato, es un mandato. Es un mandato para Pablo y ¿de quién? De Dios nuestro Salvador que es el soter, que significa el libertador; este era el término con el que los romanos se dirigían al César, entonces era bastante confrontador el hecho de que Pablo se dirigiera a Dios como el soter, el verdadero libertador y Cristo, nuestra verdadera esperanza.

1.2 A Timoteo, verdadero hijo en la fe: Gracia, misericordia y paz, de Dios nuestro Padre y de Cristo Jesús nuestro Señor.

Este es el saludo que generalmente vemos en la mayoría de las cartas de Pablo, con una diferencia. Él en sus cartas escribe gracia, que es el favor inmerecido de Dios, y paz. El creyente, por la gracia de Dios a través de Cristo hace la paz con Dios. Pero aquí inserta la palabra misericordia y recordemos que Timoteo es un aprendiz de pastor, y los pastores nos equivocamos mucho y de muchas maneras, por eso necesitamos misericordia. La misericordia es algo que el siervo de Dios necesita desde el día que es llamado al ministerio. Por lo tanto, la misericordia es una deuda que todo aprendiz de Jesucristo necesita pagar a la gente; nosotros somos llamados, como siervos de Jesucristo, a dar la misericordia que Cristo nos ha dado, a dar el amor que Cristo nos ha dado, a tratar a las personas como Cristo nos ha tratado, por eso en la Biblia vemos tan enojado a Dios con los pastores que golpean a sus ovejas, que las tratan como fuente de ganancia. Los pastores, los líderes, somos llamados a amar y alimentar a las ovejas de la misma manera en que Dios nos ha amado y cuidado con ternura. El espíritu de Cristo está en nosotros, él es nuestro pastor, de manera que cuando se manifiesta en nuestras vidas lo hace en amor.

¡CUIDADO CON LAS FALSAS DOCTRINAS!

1.3 Como te rogué que te quedases en Éfeso, cuando fui a Macedonia, para que mandases a algunos que no enseñen diferente doctrina.

Parece ser que Pablo salió de su primer encarcelamiento y fue directo a Éfeso donde pasó tres años y donde tenía muchos amigos, entonces se da cuenta de que en esta ciudad caracterizada por la inmoralidad, había templos a Afrodita, diosa de la fertilidad, y toda clase de excesos y de situaciones terribles muy similares a las que vivimos hoy y que siguen amenazando a la Iglesia de Dios. Pablo necesita ir a Macedonia, actual Turquía, pero entonces deja a Timoteo al frente de esta gran y amenazada iglesia, a quien había conocido personalmente en su segundo viaje misionero a Listra.

Timoteo, de madre judía y padre griego, es entonces el pastor en esta iglesia de Éfeso, en Asia Menor, un lugar lleno de inmoralidad. Y Pablo le dice: «Te encargo que mandes que nadie enseñe diferente doctrina»; esto es sumamente importante. Hoy las personas que estamos interesadas en saber de Dios, en caminar cerca de Dios, no tenemos cuidado de la doctrina: escuchamos cualquier programa de radio o de televisión, cualquier libro, cualquier palabra de una persona que pudiera ser o no creyente, lo cual no nos edifica y nos puede traer muchos dolores de cabeza; por eso es importante que nuestra fe esté fundada en lo que está escrito, lo que tiene cumplimiento, la Palabra de Dios que vive y permanece para siempre, la única capaz de glorificarnos como creyentes y darnos herencia con los santificados.

1.4 Ni presten atención a fábulas y genealogías interminables, que acarrean disputas más bien que edificación de Dios que es por fe, así te encargo ahora.

Estas cosas provocan controversias en vez de llevar adelante la obra de Dios que es por la fe. Las fábulas son cuentos, historias, y son muy buenas las historias, pero a veces caemos en el exceso de platicarlas. El peligro no es que vayan en contra de

Jesucristo, sino que algo muy sutil quite nuestros ojos y nuestra mirada del Salvador, ¿me entiendes? Nuestras conversaciones, el chisme celestial, están bien, y hay tiempo para todo, pero es importante que nuestra fe no esté fundada en el chisme celestial ni en las fábulas o las genealogías.

Yo recuerdo a un amigo muy querido que empezó con lo de las genealogías porque le dijeron que algunos judíos habían emigrado hacia América y habían cambiado sus nombres, se habían puesto Gutiérrez o Ramírez, y yo dije: «¿Y Hermosillo?». Entonces buscaron y dijeron: «Hay uno, Hermosa, así que debes ser pariente de Hermosa». A otro amigo que se llama Coyotl, le empezaron a buscar su genealogía y como no encontraban nada le recomendaron una lista de religiones a ver si por ahí aparecía algo; para mi amigo David Coyotl no había nada en las genealogías, y es que las genealogías nos ofrecen pedigrí. ¡Ah!, si yo soy hijo de Abraham, le decían a Jesús, y aparte no hemos sido esclavos nunca de nadie (Juan 8.33). Porque llegaban a Abraham, y Jesús, en un lenguaje directo, les decía: «Ustedes más bien son hijos de vuestro padre el diablo porque los deseos de vuestro padre quieren hacer, son homicidas y mentirosos» (Juan 8.44). ¿Cuál pedigrí? Dios no hace acepción de personas, Dios no hace diferencia de personas, de tal manera amó Dios a todo el mundo, hasta los Coyotl, hasta los Hermosillo, por tanto no nos andemos cambiando de nombre. Cuidado con las genealogías que lo que hacen es elitismo. Aquí la enseñanza es clara, aprendices: nosotros, a quienes el Señor en esta palabra ya no trata como chiquitos, sino como jóvenes llamados a la madurez, no debemos permitir que ninguna sutileza nos desvíe de lo que tiene que ser el centro de nuestra enseñanza que es Jesucristo y su palabra, Jesucristo y su herencia, Jesucristo y su mandato. ¿Por qué razón? Veamos el siguiente versículo.

1.5 Pues el propósito de este mandamiento es el amor nacido de corazón limpio, y de buena conciencia, y de fe no fingida.

¿Cuál es el propósito de enfocarnos en Cristo? ¿Cuál es el propósito de leer su Palabra? ¿Llenarnos de reglas, de todas las cosas que no tienes que hacer y después de todas las cosas que sí tienes que hacer?, y luego que hayas hecho todo lo que tienes que hacer y no hecho lo que no tienes que hacer, entonces, ¿ya vas a tener el derecho de criticar y de juzgar a los que sí hacen y a los que no lo hacen?

¿Les parece familiar esto? Los que así piensan no saben algo o nos hablan al tanteo, y por eso la gente dice: «¿Cristiano? ¡Uy!, que flojera», pero vemos aquí que el propósito de enfocarnos en la verdad es que el Espíritu Santo que ha sido derramado en nuestros corazones produzca su fruto, y su fruto es: ¡AMOR! 1 Juan 4.7 dice: «Amados», ¿por qué amados? Miren tanto amor que nos ha dado el

Padre: «de tal manera amó Dios al mundo, que ha dado a su Hijo unigénito» (Juan 3.16); «Dios muestra su amor para con nosotros, en que siendo aún pecadores, Cristo murió por nosotros» (Romanos 5.8). Somos sus amados, él nos ha amado como nadie jamás nos ha amado.

Dios es esencialmente amor; y si somos su cuerpo y su iglesia, el propósito del mandamiento y de conocerle no es hacer bien o hacer mal, es amarle con todo el corazón y amarnos unos a otros. Tú pudieras obedecer a Dios sin amarle, y estarías dentro de las reglas, pero si le amas, invariablemente le vas a obedecer: «El hacer tu voluntad, Dios mío, me ha agradado y tu ley está en medio de mi corazón» (Salmos 40.8). Cristo dice que el que le ama guarda sus mandamientos; el propósito de poner nuestra mirada y nuestra confianza en Cristo es amarle como él nos ha amado. «Queridos hermanos, amémonos los unos a los otros, porque el amor viene de Dios, y todo el que ama ha nacido de él y lo conoce» (1 Juan 4.7, NVI). Aprendiz, cerciórate de que las personas a tu alrededor respiren amor y no una religión. Cerciórate de que todas las cosas que tú hagas sean hechas por amor, como dice 1 Corintios 16.14, porque cuando Cristo venga va a evaluar todo lo que hayamos hecho. Las obras de los hombres serán probadas por fuego, entonces si uno edificó oro va a permanecer, pero si alguno edificó heno, hojarasca, esas cosas se van a consumir. Por eso vemos en 1 Corintios 13.3 que si damos el cuerpo para ser quemado y no tenemos amor de nada sirve, si vendemos los bienes para dar de comer a los pobres, pero si no lo hacemos por amor de Cristo, si lo hacemos por vanagloria personal, por orgullo, si no lo hacemos para la gloria de Dios y por el bien de la gente, de nada nos sirve. Por eso el propósito de conocer a Cristo es el amor.

¿Y cómo nace el amor? Nace de un corazón limpio. Buenos deseos, buenas intenciones, buenos motivos. Dios quiere que todo lo hagamos de corazón como para el Señor, sea tocar, sea servir, lo hagamos por amor, con un corazón limpio, no perfecto, porque no hay gente perfecta, sino que seamos sujetos, susceptibles a la represión de la Palabra de Dios con buena conciencia, y fe no fingida. ¿Qué significa una fe fingida? Hipocresía. ¿Qué es una buena conciencia? Que si te airaste, no se ponga el sol sobre tu enojo, pues todos nos enojamos, pero que no te vayas a dormir peleado con tu hermano, peleado con tu esposa. Si tú te arrepientes, él es fiel y justo para perdonarte y limpiarte de toda tu maldad.

Es importante que en las pequeñas cosas o en las grandes, cuando nuestra conciencia nos reprenda, hagamos el hábito de arrepentirnos y de pedirle a Dios que nos perdone. Caminemos hacia delante para tener una fe sincera. Una fe sincera no es puesta en lo que hago bien o en lo que hago mal, sino en lo que Cristo hizo por mí, por eso Pablo le dice a Timoteo en Éfeso que hay muchas cosas y pequeñas sutilezas que lo van a hacer distraer de Cristo, pero si mantienes el enfoque en Jesucristo, entonces Dios va a dar un fruto precioso de amor a través de corazones limpios, motivos limpios, una conciencia habituada a la confesión continua, diaria. No te vayas a acostar sin que Dios investigue tu corazón y sin que le digas: «Examíname, oh Dios, y conoce mi corazón; ... y ve si hay en mí camino de perversidad, y guíame en el camino eterno».

1.6-7 De las cuales cosas desviándose algunos, se apartaron a vana palabrería, queriendo ser doctores de la ley, sin entender ni lo que hablan ni lo que afirman.

¿Qué significa esto? Pues que cuando dejamos que la conciencia nos acuse y no nos dejamos convencer por ella, no nos dejamos convencer de la Palabra del Espíritu Santo, andamos viviendo vidas religiosas, fe fingida, y nuestro cristianismo se convierte en pura palabrería. Cuando Jesucristo llegó a Jerusalén y tuvo hambre, vio una higuera llena de hojas preciosas, se acercó, pero no encontró fruto, y qué hizo, dijo: Jamás nadie coma fruto de ti (Mateo 21.18-19). Esa higuera llena de hojas representa la religiosidad con la que el hombre se trata de cubrir delante de Dios, recordemos que las hojas de higuera son aquello con lo que Adán y Eva se cubrieron delante de Dios, sus méritos, sus esfuerzos, y no es hasta que el Señor viene, Génesis 3, teje túnicas de pieles, cubre a Adán y Eva, derrama sangre inocente, que hay una reconciliación con Dios, hay un volver a caminar con él.

Esto de la fe fingida y de la religión y del bla, bla, bla, pero nada de fruto es terrible. Decía un hermano: «Mucho tilín tilín y nada de paletas». ¿Se acuerdan de los carritos de paletas (helados)? Yo no los había visto hasta ayer que fui al lago. ¿Qué hace un carrito de paletas en el lago Michigan? No sé, pero había carritos de paletas, tilín tilín, tilín; entonces imagínate que con tanto tilín tilín, cuando abres no hay paletas. Yo decía: «No, pero es mucho ruido y nada de nueces». ¿Te imaginas estar todo el tiempo partiendo nueces? Así a veces es nuestro cristianismo. Si no hay amor, no hay nada, es puro bla, bla, bla.

1.8-11 Pero sabemos que la ley es buena, si uno la usa legítimamente; conociendo esto, que la ley no fue dada para el justo, sino para los transgresores y desobedientes, para los impíos y pecadores, para los irreverentes y profanos, para los parricidas y matricidas, para los homicidas, para los fornicarios, para los sodomitas, para los secuestradores, para los mentirosos y perjuros, y para cuanto se oponga a la sana doctrina, según el glorioso evangelio del Dios bendito, que a mí me ha sido encomendado.

A partir de aquí veamos cómo se usa la palabra ley. Ley, legitimidad, legalmente. Sabemos que la ley es buena si uno la usa legítimamente. Mira lo que dice Pablo en otra carta: «De manera que la ley ha sido nuestro ayo» (Gálatas 3.24). Ayo significa maestro o tutor. Los niños chiquitos de las casas principales tenían tutores, ayos, hasta que, como herederos, alcanzaban la madurez y podían recibir lo que tenía el padre para ellos. Pues bien, la ley es un ayo para llevarnos a Cristo.

Imagínate que queremos hacer un traje, usamos unas tijeras, unos alfileres, unas agujas y por supuesto un metro o una cinta de medir. Con estos instrumentos vas a una tienda; allí ves un traje a la medida y entonces sacas tus tijeras, agujas y metro y dices: «Me parece que esto no va con este traje». ¿Para qué se usa un metro o una cinta de medir? No para el traje, sino para la tela. Cuando tú tienes la tela entonces es cuando mides y de acuerdo al molde dibujas, cortas, armas.

La ley es semejante, la ley es un ayo que nos mide para llevarnos a Cristo. Esta carta de Timoteo (1.8) dice: «Sabemos que la ley es buena, si uno la aplica legítimamente». ¿Cómo se usa bien la ley?, conociendo que la ley no fue dada para el justo. La cinta de medir no es para el traje, es para la tela. ¿Quién nos hace justos? Cristo. La ley no hace justo a nadie, la ley no tiene poder para cambiar un corazón, el no adulteres, el no digas mentiras. Sí tiene poder para medirte y ver qué tan corto y qué tan pequeño estás junto a la justicia de un Dios Santo al cual ninguno de los mortales ha visto. Entonces ¿cómo voy a conocer las demandas de un Dios justo a través de la ley?

No es dada al justo, es dada al transgresor, o sea al que la viola, al desobediente, al que no la obedece, al impío, al que no toma en cuenta a Dios, al pecador, eso significa al que yerra el blanco, al que equivoca el blanco, y nuestro blanco es Cristo. Para los irreverentes, los profanos, los parricidas, los matricidas, los homicidas, los fornicarios, los que cometen cualquier clase de inmoralidad sexual, los sodomitas, pero esto no significa que ellos sean peores que los desobedientes, todos están en una misma lista. La ley es dada para todos nosotros, ni siquiera voy a decir para ellos, para nosotros, para que veamos que Cristo nos hace falta, que nadie vale por la ley, sino por Cristo. La ley es solamente un ayo, un tutor que te muestra qué malo eres, cuán bueno es Dios y, además, que necesita haber algo y Jesucristo es el mediador entre Dios y los hombres. El único que puede cambiar el corazón es el sastre, es el artista, es Jesucristo. Pon tu vida en las manos del Señor, recibe el mensaje de la gracia de Dios que estaba en Cristo reconciliándonos con él, arrepiéntete de tus pecados, aspira una buena conciencia y una fe no fingida con un corazón limpio y observa el fruto que Dios estará dando en tu vida, en tu familia, en el grupo que lideras, en cualquier área del ministerio que Dios te haya confiado. Cuida de la centralidad de Jesucristo.

EL PODER DE LA MISERICORDIA

Un señor muy exigente mandó plantar dos arbolitos de esos que le nacen las ramas desde la base del tronco. Esos que nacen acá, yo en mi rancho no los conocía; son arbolitos muy curiosos porque las ramas salen desde abajo y forman algo muy bonito, como una cebollita. Los trabajadores que plantaron los árboles agarraron las tijeras y lo mocharon todo y lo dejaron muy bonito, arriba redondo, pero abajo el tallo estaba pelado, de hecho como tres o cuatro tallos. Cuando el dueño los vio, dijo: «¡Ah! estos árboles no pasan el control de calidad» y lo que hizo fue mandarlos a sacar y tirarlos a la basura. Esos árboles merecían ser tirados a la basura y ser hechos leña, ya que el dueño no los quería, pero mi amigo Miguel, el dueño de la compañía y vecino mío, tuvo misericordia de esos árboles y no los arrojó al fuego ni los hizo leña. Lo que hizo fue que los llevó a su casa y al ver mi interés me los regaló. Estábamos muy contentos con esos arbolitos, pero a los tres o cuatro días todas las hojitas se le cayeron, y estaban literalmente todos secos, feos, eran árboles grandes como de tres metros, frondosos por encima y por abajo todos mochados; cada día salíamos, les echábamos agua, vitaminas, les movíamos la tierra y nada. De repente aparecieron unas hojitas en la base, ya venían esos tallos que nacen desde la base del tronco y algunas hojitas verdes por aquí, otras por allá, y esas hojitas eran como promesas de que el árbol todavía estaba vivo y que el creador y sustentador de todo lo que existe prometía darles vida.

Esta historia es muy ilustrativa porque esos arbolitos recibieron misericordia, el dueño había determinado cortarlos y quemarlos, lo que no se hizo; eso es misericordia, no se hizo lo que estos árboles ya dañados merecían, pero cuando fueron transplantados, aun a pesar de todo lo que nosotros pudimos hacer por ellos, Dios les dio vida, les dio nutrientes y finalmente permitió que reverdecieran, en otras palabras les dio lo que ya no merecían porque eran considerados desperdicio, basura, leña. Misericordia es darles lo que no se merecen; gracia es darles la vida, los nutrientes y la oportunidad de vivir.

A ÉL SEA HONOR Y GLORIA

1.12-13 Doy gracias al que me fortaleció, a Cristo Jesús nuestro Señor, porque me tuvo por fiel, poniéndome en el ministerio, habiendo yo sido antes blasfemo, perseguidor e injuriador; mas fui recibido a misericordia porque lo hice por ignorancia, en incredulidad.

Los árboles no se cortaron porque se tuvo misericordia de ellos, pero la gracia fue la capacidad de Dios de darles vida otra vez. Veamos la relación entre la ley y la gracia, entre recibir misericordia y recibir la gracia de Dios. Observen el verso 12 y 13:

«Qué fue lo que hizo Pablo según la ley? Un blasfemo, un perseguidor, un injuriador, respiraba amenazas de odio contra los discípulos de Jesucristo, odiaba que esta nueva religión amenazara la tradición de los judíos, y él se propuso acabar con todos los discípulos de Jesucristo hasta que un día en el camino a Damasco una gran luz del cielo le rodeó, cayó a tierra de su caballo y escuchó una voz: «Saulo, Saulo, ¿por qué me persigues?», dura cosa es dar golpes contra el aguijón; Pablo le pregunta quién era y el Señor le responde: «Yo soy Jesús a quien tú persigues» (Hechos 9.4-5). Pablo había maltratado a la misma iglesia de Jesucristo, pero dice que se le tuvo por fiel y que se le instaló en el ministerio, «mas fui recibido en misericordia porque lo hice en ignorancia, en incredulidad».

Me recuerda cuando yo fui invitado a dirigir la congregación. Estaban buscando a un pastor con pedigrí y lo único que se encontraron fue a un pastor cruzando la calle; todas y cada una de las cosas que la posición requería, pues yo no las tenía, que fui músico por no estudiar, cientos de personas habían solicitado el cargo y a mí me fueron a buscar. Literalmente se cumplió este texto, se me tuvo por fiel y se me colocó en un ministerio que ni merecía, ni hice nada por ganarlo, fue la pura demostración de la gracia de Dios; mientras la ley me encontró muy corto, muy pequeño, yo recibí la preciosa oportunidad de estar delante de mi congregación.

Dios nos tiene por fiel y dice en el verso 13 que habiendo sido todas estas cosas, fue recibido en misericordia porque lo hizo en la ignorancia. Cuando Jesucristo estaba en la cruz rodeado de fieras que buscaban acabar con su vida, oró al Padre y le dijo: «Padre, perdónalos porque no saben lo que hacen» (Lucas 23.34). Entonces, no saben, ignorancia; Padre, perdónalos, oración; parece que la oración de Jesucristo y la ignorancia de los pecadores alarga, retrasa la ira y el día del justo juicio de Dios; en otras palabras, el hecho de que nosotros hagamos las cosas por ignorancia es una oportunidad que Dios nos da para recapacitar y considerar el gran amor que Dios tiene para con nosotros: «Mas Dios muestra su amor para con nosotros, en que siendo aún pecadores, Cristo murió por nosotros» (Romanos 5.8). La ley nos condena, pero nos lleva a recapacitar y recibir la gracia de Dios en Jesucristo. Entonces el evangelio es esencialmente transformador.

1.14 Pero la gracia de nuestro Señor fue más abundante con la fe y el amor que es en Cristo Jesús.

La gracia de nuestro Señor fue más abundante, más abundante que: las blasfemias, los errores. En mi vida personal, el amor de Dios, la gracia de Dios fue más grande que mi resentimiento contra mi padre , esa amargura en mi corazón tan terrible, tanta vanidad, tanto egoísmo, tanta inmoralidad; la ley me condenaba, yo no podía ser una persona religiosa, yo no tenía los recursos para ser una persona buena y acercarme delante de Dios; pero estas cosas me llevaron a considerar y ver en la cruz la perfección de la vida de Cristo, la justicia de Jesucristo cuando muere en la cruz; el justo muere por los injustos para llevarnos a Dios y entonces me da la oportunidad de arrepentirme de mis pecados, darle la espalda a mis pecados, darle mi corazón a Jesucristo y experimentar una nueva vida, una nueva naturaleza dentro de mí; entonces ya hago en mi vida lo que es por naturaleza, lo que la ley dice, pero no lo hago yo, por eso Pablo dice: «Ya no vivo yo, mas vive Cristo en mí; y lo que ahora vivo en la carne, lo vivo en la fe del Hijo de Dios, el cual me amó y se entregó a sí mismo por mí» (Gálatas 2.20). Es un gran contraste entre mis errores y la grande gracia, la grande misericordia de Dios.

1.15 Palabra fiel y digna de ser recibida por todos: que Cristo Jesús vino al mundo para salvar a los pecadores, de los cuales yo soy el primero.

Este versículo es para todos nosotros. El comediante Sergio Ramos, mejor conocido como el comanche, fallecido hace ya como cuatro años, me platicaba que había batallado por más de veinticinco años con el problema del alcohol, cuando empezó a confiar en Dios, a rendir su voluntad y su vida en manos de Dios y pudo ser sobrio. Él sentía que todavía la naturaleza perversa estaba dentro de él, pero había una naturaleza más fuerte, el Espíritu Santo, que le ayudaba a salir de su problema; entonces se volvió una persona muy compasiva y me dijo: «Él hecho de ver a los alcohólicos como enfermos nos da la posibilidad de ayudarlos». Y esto es cierto, el alcoholismo es un pecado y una enfermedad; si lo vemos como una enfermedad vamos a estar cercanos al lado de la gracia para ayudar a las personas que lo padecen, esa es la gran diferencia y Jesús no vino a condenar del lado de la ley, sino a salvar del lado de la gracia a los pecadores.

Pablo dice que era el primero de los pecadores. Era antes de ser una nueva criatura en Cristo; en otro pasaje afirma que si somos nuevas criaturas, las cosas viejas pasaron y todas son hechas nuevas (2 Corintios 5.17). Por la fe se nos da el Espíritu Santo, por la fe Cristo vive en nuestro corazón y tenemos una nueva naturaleza, pero hay un antiguo hombre que sigue dentro de nosotros que hasta que nuestro cuerpo no sea redimido y transformado, y sea semejante al de la gloria suya en la resurrección, estará presente el pecado, por eso Pablo dice de los cuales *yo soy* (observen que lo dice en tiempo presente). Todos somos pecadores, e incluso así, a veces nos llenamos de soberbia viendo al hermano cómo cae, en lugar de orar por él para su propio bien. Nosotros no estamos para juzgar a la gente. Cómo hace falta crecer en la gracia, en el conocimiento de

Dios. La gracia no se hizo para entenderla, se hizo para conocerla y para transmitirla a la gente.

1.16-17 Pero por esto fui recibido a misericordia, para que Jesucristo mostrase en mí el primero toda su clemencia, para ejemplo de los que habrían de creer en él para vida eterna. Por tanto, al Rey de los siglos, inmortal, invisible, al único y sabio Dios, sea honor y gloria por los siglos de los siglos. Amén.

Tú merecías, como el árbol, que se te cortara, pero Dios te plantó, te ha regado y te ha dado vida, porque el que oye la palabra de Cristo y el que cree al que lo envío no vendrá a condenación sino ha pasado de muerte a vida (Juan 5.24). Pon este versículo en tu corazón.

¿Cuándo nuestros hijos se van a entregar completamente a Cristo? Cuando vean en nosotros un ejemplo de gracia. El evangelio transforma, y el evangelio inspira. Nuestro deseo es que las personas lleguen a la iglesia y encuentren un oasis. Hay tanta situación difícil en la vida, por eso es importante que nuestras iglesias y grupos pequeños sean un oasis de misericordia y de gracia, donde el énfasis no esté en lo que fallaste, sino en lo bueno que es Dios y cómo ha tenido misericordia de nosotros. Es necesario que nunca perdamos la centralidad de Cristo y que tampoco haya lugar para vanagloriarnos; seamos vulnerables, sobre todo los líderes.

Veamos ahora el versículo 17. Cuando la Biblia te dice por tanto, tenemos que decir que tanto. ¿Por qué? Porque la ley te condena y es un ayo que te lleva a Jesucristo, porque fuiste recibido en misericordia, porque Dios por el gran amor con que te amó, por gracia te salvó cuando estabas muerto en tus delitos y pecados, por tanto a él sea honor y gloria

MANTENTE FIRME

1.18-20 Este mandamiento, hijo Timoteo, te encargo, para que conforme a las profecías que se hicieron antes en cuanto a ti, milites por ellas la buena milicia, manteniendo la fe y buena conciencia, desechando la cual naufragaron en cuanto a la fe algunos, de los cuales son Himeneo y Alejandro, a quienes entregué a Satanás para que aprendan a no blasfemar.

En esta ocasión Pablo reitera a Timoteo que se mantenga firme en la fe. Que milites (otras versiones de la Biblia dicen pelees) la buena milicia, la buena batalla, es decir depender más y más, confiar más y más en la gracia de Jesucristo. Timoteo, cuando venga el pecado, arrepiéntete, camina ligero y no permitas que este haga estragos en tu relación con Dios. En 1 Corintios 5.5 leemos: «entreguen a este hombre a Satanás para destrucción de su naturaleza pecaminosa a fin de que su espíritu sea salvo en el día del Señor» (NVI). Es una disciplina de misericordia. El fin de todo esto es la salvación del espíritu y que la carne deje de querer rebelarse contra Dios. Lo que en algunos lenguajes se llama tocar fondo, es cuando una persona es dejada a su suerte y toca fondo. Cuando estas personas fueron entregadas a Satanás fue un acto correctivo de misericordia para que entonces el sufrimiento en su carne fuera tal que dejaran de sufrir y dijeran: Dios ten misericordia de mí, en ese momento la iglesia les recibe, Cristo les recibe y restaura.

PADRE CELESTIAL...

Tú que conoces mejor que nosotros todas las influencias negativas que nos rodean en estos tiempos, danos la capacidad de distinguir entre la verdad y el error. Permite que como buenos aprendices podamos aspirar una buena conciencia y una fe no fingida, con un corazón limpio que dé frutos en nuestra vida y en la de los que nos rodean. Líbranos de una falsa religiosidad y permite que podamos estar cada vez más centrados en ti y en tu Palabra para que podamos hacerle frente a las falsas enseñanzas y sigamos firmes en la fe. Gracias por tu preciosa Palabra, por tu infinita misericordia y gracia, porque somos pecadores, pero tú enviaste a tu hijo Jesucristo para que mostrase toda su clemencia en nosotros.

Oramos en el nombre de nuestro Señor y Salvador Jesucristo, amén.

PREGUNTAS PARA LA REFLEXIÓN

1. ¿Qué crees que eres más: alguien que da amor o alquien que da leyes y reglas?
2. ¿Ha cambiado tu entendimiento de Dios últimamente, mientras le conoces más en su Palabra? ¿Cómo?
3. ¿A quién consideras tu «hijo» o tu «hija» en la fe? ¿Por qué?
4. ¿Con cuánta seguridad te sientes redimido? Esto significa que sabes que el precio pagado por tu pecado fue pagado por Jesús y ahora eres libre para servir al Señor.
5. ¿En qué área de tu vida necesitas la misericordia de Dios y la paciencia ilimitada de tu Salvador en este momento?

2

NUESTRO PRIMER RECURSO

Qué impresión me llevé cuando el sistema de posicionamiento global (conocido por sus siglas en inglés como GPS) salió al mercado y estuvo económicamente al alcance de todo el público; pero debo confesar que mi sorpresa no fue mayor que mi gratitud y sentido de libertad porque no puedo pensar en algo que me cueste más trabajo que pedir la dirección de un domicilio a alguna persona en la calle (que generalmente, no tiene ni idea y te manda a cualquier lugar, menos a donde necesitas llegar). Y es que soy tan independiente y llego, en mi arrogancia, a sentirme tan autosuficiente que no quiero manifestar ninguna clase de debilidad con la pregunta: «¿podría, por favor, decirme?» o con la frase: «es que no soy de aquí, disculpe».

Cuando mi esposita Gaby y yo éramos amigos, y compañeros de un muy interesante grupo de estudio bíblico, se me ocurrió preguntarle (quién sabe por qué razón, ¿verdad?): «¿Cómo te imaginas a aquel que Dios traerá a tu lado y se convertirá en tu esposo y compañero para el resto de tu vida?». Ella sin titubear y con plena convicción de lo que decía me respondió: «Superman». Enseguida le pregunté: «¿Qué? ¿A qué te refieres con Superman?». Ella me contestó: «Estoy esperando que aparezca en mi vida un súper héroe que resuelva todos mis problemas, que me rescate de todos los peligros y que tenga todas las respuestas a todas mis preguntas». Entonces yo le respondí al puro estilo de Nacho Libre: «¡Es exactamente lo que yo quisiera hacer por la persona que Dios traiga a mi vida! ¡Qué casualidad!». Pobrecita, me creyó, y yo que no soy capaz, por mi orgullo, de pedir ayuda cuando me siento perdido.

Pero parece que esto no es una debilidad exclusivamente mía, sino que la comparto con millones de líderes cristianos que creemos saber todas las respuestas cuando ni siquiera hemos considerado las preguntas. Salomón, en su maravilloso libro de Proverbios escribe: «Al que responde palabra antes de oír, le es fatuidad y oprobio» (Proverbios 18.13).

Y lamentablemente es muy común que los líderes cristianos tengamos proyectos, estrategias, etc., cuando no hemos escuchado la dirección ni la voluntad de Jesús (que edifica su iglesia, como vemos en Mateo 16.18).

En este capítulo, Pablo tiene mucho que decirnos al respecto.

2.1-7 Exhorto ante todo, a que se hagan rogativas, oraciones, peticiones y acciones de gracias, por todos los hombres; por los reyes y por todos los que están en eminencia, para que vivamos quieta y reposadamente en toda piedad y honestidad. Porque esto es bueno y agradable delante de Dios nuestro Salvador, el cual quiere que todos los hombres sean salvos y vengan al conocimiento de la verdad. Porque hay un solo Dios, y un solo mediador entre Dios y los hombres, Jesucristo hombre, el cual se dio a sí mismo en rescate por todos, de lo cual se dio testimonio a su debido tiempo. Para esto yo fui constituido predicador y apóstol (digo verdad en Cristo, no miento), y maestro de los gentiles en fe y verdad.

Aquí estamos viendo un orden de importancia: si vas a ir a tocar en un concierto, te pido ante todo que lleves tu guitarra, pero si vas a hacer iglesia, es necesario ante todo hacer públicamente rogativas (plegarias), oraciones y peticiones. El manual del aprendiz nos dice que nuestro primer y más grande recurso es Dios, que hizo los cielos y la tierra, y ante todo, antes que ir al médico, está bien que vayas, debes orar; está bien hacer ajustes financieros, pero ante todo te exhorta a que ores. El Señor dice en Zacarías 4.6: «No con ejército, ni con fuerza, sino con mi Espíritu». Deberíamos hacer una nota que diga: ¿Ya oraste? Les exhorto a que como iglesia y creyentes en Jesús, su primer recurso sea Dios. Solo Dios tu Padre de misericordia y consolación tiene una respuesta, tiene un consuelo para tu vida. Por eso dice, aprendices, iglesia del Señor, ante todo les exhorto que hagan estas cuatro cosas: plegarias, oraciones, peticiones y acciones de gracias.

¿Qué es una plegaria? Es una oración que es hecha a Dios cuando se advierte un peligro, una circunstancia difícil en el futuro. Por ejemplo, cuando Jesús dijo: «Y no nos dejes caer en tentación, sino líbranos del maligno» (Mateo 6.13, NVI). Esa es una oración advirtiendo un peligro. Es importante que hagamos este tipo de oraciones. Hay otras que son simplemente oraciones que constituyen peticiones a Dios para buscar suplir una necesidad. Puede ser una necesidad de salud, física, económica, espiritual. ¿Cuándo eleva Jesús, en el Padre Nuestro, una presentación de necesidades al Padre? Cuando dice: Venga a nosotros tu reino, nuestra primera y más grande necesidad, que su voluntad sea hecha como en la tierra, en nuestras vidas, y nos dé el pan de cada día (Mateo 6.10).

Por otro lado, está la palabra *petición*, que significa literalmente una entrevista uno a uno con el Señor, entonces no presentas tu causa ni tu necesidad, sino la causa de otra persona, la necesidad de otra persona. También se le llama intercesión, por eso muchas biblias en inglés traducen esta palabra como interceder, esto es pedir algo a favor de otra persona. Una intercesión famosa en la Biblia está en el libro de Éxodo, cuando Moisés le pide a Dios que perdone a su pueblo por haberse hecho dioses de oro. Una manera preciosa de vivir la vida cristiana y de vivir el gozo de Cristo es cuando tú presentas las necesidades de otra persona delante de Dios. Lo que quieras que hagan contigo, eso haz con los otros.

Veamos ahora las acciones de gracias. Cuando se recibe algo de Dios, él espera que nuestro corazón se ensanche más y más y crezca nuestro amor a través de la gratitud. El rey David, que escribió parte del libro de los Salmos, una persona como tú y como yo, con errores muy grandes, tenía una cualidad: era agradecido. En Salmos 103 leemos: «Alaba, alma mía, al Señor; alabe todo mi ser su santo nombre. Alaba, alma mía, al Señor, y no olvides ninguno de sus beneficios» (NVI). Qué interesante que puedas estar en una tragedia, en una adversidad, pero aun ahí reconocer la bondad de Dios. Hay situaciones difíciles en nuestra vida, pero donde Dios te pone una bendición te rodea de su cariño, de su gracia y de su amor, y te puedes enfocar en ellos y elevar tu oración de gracias a Dios. No olvides nunca ninguno de sus beneficios. Hubo sol, llovió, hizo frío, hace calor, agradece cada cosa que has recibido de parte de Dios.

Lo que se está haciendo hoy y desde hace 2000 años es construir la iglesia de Jesucristo. Pablo le dice a Timoteo, un joven pastor al cuidado de una iglesia creciente muy influyente en Asia Menor: antes de hacer otra cosa, ora. Porque el que edifica la iglesia no es una institución humana, no es una personalidad, no es un conjunto de líderes, no es una estructura de ministerio específico. En Mateo 16.18 leemos: «Yo te digo que tú eres Pedro, y sobre esta roca edificaré mi iglesia; y las puertas del Hades no prevalecerán contra ella». Muchos pastores pensamos que es por nuestras fuerzas, por nuestro poder, por nuestra piedad o influencia, sapiencia o experiencia. Esas cosas son importantes, pero el truco es que quien lo hace es Dios y nosotros los líderes y pastores estamos llamados en primer lugar a orar, orar y orar, a depender de Dios. Así que la primera parte del capítulo, los primeros siete versos hablan de esto. Una de las cosas que me emociona es lo que dice el verso 3: orar es bueno y agrada a Dios.

Orar es bueno, es malo andar por la vida vagando, deambulando porque todo se te antoja y todo lo quieres y nada te satisface, pero cuando estás orando no solamente es precioso ver la respuesta de Dios, sino encontrar la paz que sobrepasa todo entendimiento. Estar orando delante de Dios es bueno, es una deliciosa y maravillosa influencia espiritual que te trae descanso, paz y transformación..

2.8 Quiero, pues, que los hombres oren en todo lugar, levantando manos santas, sin ira ni contienda.

La palabra que conecta el verso 8 con el contexto anterior es *quiero*, ¿por qué? Porque el edificar la iglesia es algo que le compete solo a Dios, porque hay un solo mediador entre Dios y los hombres, porque Dios no quiere que se pierdan, sino que vengan al arrepentimiento, porque orar es bueno; porque el propósito de Dios depende de esto, por tanto ¡oren! Levantando manos santas, sin ira ni contienda. Uno levanta las manos en señal de rendición. Cuando vemos un ejército ocupando una ciudad y tomando rehenes, los hombres están con sus manos levantadas y rendidos. Es también señal de dependencia, cuando un chiquito viene llorando, lo cargas y eso es señal de dependencia. En primer lugar es rendición, en segundo es dependencia.

A los hombres (varones) nos es tan difícil, por nuestra autosuficiencia, por nuestra independencia, por nuestro orgullo, humillarnos, reconocer que necesitamos de Dios y que separados de él nada podemos hacer. La Biblia dice en Jeremías 17.5: «Maldito el varón que confía en el hombre, y pone carne por su brazo, y su corazón se aparta de Jehová», pero nosotros tenemos un corazón duro, no nos es natural a los hombres humillarnos, obedecer; pero decir: «Venga tu reino. Hágase tu voluntad», eso sí es para hombres que se enfrentan a su responsabilidad en el hogar, delante de Dios. Cuesta recibir, cuesta levantar las manos, pero tenemos que rendirnos y reconocer que necesitamos a Dios y su bendición.

2.9-10 Asimismo que las mujeres se atavíen de ropa decorosa, con pudor y modestia; no con peinado ostentoso, ni oro, ni perlas, ni vestidos costosos, sino con buenas obras, como corresponde a mujeres que profesan piedad.

La palabra *decorosa* viene de la palabra *cosmos*, de la cual viene *cosmético*; es decir, sí está hablando de embellecer, pero cómo, con pudor, teniendo respeto de sus personas, teniendo respeto de sus cuerpos y de los demás, y también modestia.

Las mujeres son intrínsecamente bellas, hermosas, y no es que acentúen la belleza que Dios les dio a través de maquillaje o cosas externas. Es como al tratar con los niños, cuando subrayes algo bueno en un pequeñito hazlo de su carácter, no de un rasgo físico, no le digas: Que bonitos ojos tienes, que lindo cabello; pues eso hace que crezca su vanidad, pero en cambio cuando le dices que es tan obediente, estás reforzando cosas que hacen ellos para que se note esa belleza que Dios les dio. En los hombres es su obediencia a Dios, su rendición y dependencia de Dios, no su autosuficiencia ni su orgullo.

2.11-12 La mujer aprenda en silencio, con toda sujeción. Porque no permito a la mujer enseñar, ni ejercer dominio sobre el hombre, sino estar en silencio.

En la Biblia hay una regla que no puedes ignorar, tienes que leer todo el contexto para mostrar lo que Dios quiere hacer a través de Jesucristo, el único mediador que quiere salvar a todos los hombres. El hombre y la mujer al parecer tienen roles diferentes, pero no, todos somos iguales delante de Dios.

Génesis 1.27: «Y Dios creó al ser humano a su imagen; lo creó a imagen de Dios. Hombre y mujer los creó» (NVI). Esto es interesante porque me habla de una pluralidad dentro de una unidad, o de una unidad expresada en una pluralidad, y eso es difícil de entender, más cuando se trata de Dios, y más cuando se trata de Dios el Padre, el Hijo y el Espíritu Santo. Pablo, en Gálatas 3.28 nos plantea: «Ya no hay judío ni griego, esclavo ni libre, hombre ni mujer, sino que todos ustedes son uno solo en Cristo Jesús» (NVI). Somos posicionalmente iguales delante de Dios. Sin embargo, Pablo dice que a las mujeres tenemos que tratarlas como un vaso frágil (1 Pedro 3.7) porque ellas son coherederas con nosotros de la gracia de la vida, y posicionalmente no hay ningún problema, pero mira cómo empieza esta idea a desarrollarse en algunos pasajes de la Biblia, como en 1 Corintios 11.3: «Ahora bien, quiero que entiendan que Cristo es cabeza de todo hombre, mientras que el hombre es cabeza de la mujer y Dios es cabeza de Cristo» (NVI). Entonces, Jesús y el Padre (Juan 10.30) son lo mismo. Cristo dijo: «El que no honra al Hijo, no honra al Padre» (Juan 5.23). Dios el Padre, en Isaías 42.8 nos dice que no comparte su gloria con nadie, y Jesucristo orando en Getsemaní le pide: «No sea como yo quiero, sino como tú» y se humilló siendo obediente hasta la muerte.

Cristo es Dios, completamente Dios, completamente hombre. ¿Y esto qué significa? 1 Corintios 11.8 afirma: «De hecho, el hombre no procede de la mujer sino la mujer del hombre; ni tampoco fue creado el hombre a causa de la mujer, sino la mujer a causa del hombre. Por esta razón, y a causa de los ángeles, la mujer debe llevar sobre la cabeza señal de autoridad. Sin embargo, en el Señor, ni la mujer existe aparte del hombre ni el hombre aparte de la mujer. Porque así como la mujer procede del hombre, también el hombre nace de la mujer; pero todo proviene de Dios» (NVI). Entonces cuál es la dinámica en esta unidad, que Dios hace de acuerdo a su imagen y semejanza, de una manera plural. Y lo vemos en Juan 5.19: «Ciertamente les aseguro que el hijo no puede hacer nada por su propia cuenta, sino solamente lo que ve que su padre hace, porque cualquier cosa que hace el padre, la hace también el hijo» (NVI). El Padre es la cabeza de Cristo, entonces para saber yo como varón, como cabeza de mi mujer, cómo funcionar en esta dinámica, tengo que ver la dinámica entre Dios y el Hijo. En Juan 5, Jesús dice que todo lo que el padre hace, lo hace el hijo, igualmente que el padre ama al hijo, entonces en lugar de padre e hijo, pon esposo y esposa. Porque el esposo ama a la esposa. Entonces mi modelo del trato a mi esposa es como el Padre trata a Cristo, porque esta es una cadena más que de autoridad, de responsabilidad, de rendición de cuentas, no es una cadena que viene hacia abajo, sino hacia arriba, yo debo dar cuentas a Dios por mi esposa. El esposo ama a la esposa y le muestra todas las cosas que hace. Y entonces, la mujer aprende en silencio. Esta palabra significa quietud. La mujer que aprende en quietud, aprende más y mucho mejor, y aprende aplicando. La mujer necesita un esposo que enseñe con el ejemplo. Ella aprende mientras que haya alguien que enseñe y no toma la iniciativa porque es el varón el responsable de dar cuentas.

2.13-14 Porque Adán fue formado primero, después Eva; y Adán no fue engañado, sino que la mujer, siendo engañada, incurrió en transgresión.

En Génesis 2, Dios primeramente crea al hombre, solamente, luego hace un jardín hermoso para él y le dice que puede comer cualquier fruto excepto del árbol del bien y del mal. Posteriormente viene la creación de la mujer. Cuando la mujer es engañada por la serpiente y come, es decir cuando cae en pecado, la Biblia no responsabiliza a la mujer de que el pecado haya sido transmitido a la raza humana; en Romanos 5.12 leemos: «Por medio de un solo hombre el pecado entró en el mundo, y por medio del pecado entró la muerte; fue así como la muerte pasó a toda la humanidad, porque todos pecaron» (NVI). La primera en pecar fue la mujer, pero Dios le da autoridad y responsabilidad al hombre. Cristo toma la iniciativa, el inocente muere por el culpable, y cuando hay conflictos en la pareja el hombre es el que toma la iniciativa y soluciona el conflicto, él es el responsable del hogar. Entonces es cuando estos bellos versículos tienen sentido.

Cuando en un hogar no hay varones es como si no hubiera protección. La mujer es la influencia, el centro, las semillas de la fruta; el varón, la cáscara, y juntos hacen una preciosa unidad, así como el Padre y el Hijo son lo mismo. Cristo intercede por nosotros ante el Padre, tienen diferentes funciones, pero son lo mismo, el que no honra a uno, no honra al otro. Al hablar de sujeción y responsabilidad no estamos hablando de grados, es más, Cristo dice que el que sirve y el que se humilla es el mayor (Mateo 18.4). Nosotros, los varones, seremos los mayores cuando sirvamos, cuando tengamos el respeto de la esposa. La mujer, si aprende, es una maravillosa influencia en el hogar. Esto lo veo en mi propio hogar; después del Espíritu Santo, mi esposa es la más dulce influencia que recibo porque ambos tenemos la meta de Cristo.

2.15 Pero se salvará engendrando hijos, si permaneciere en fe, amor y santificación, con modestia.

La palabra *salvación* significa liberación, sanidad, plenitud; la mujer encuentra su realización otra vez. Aquí no se está hablando de salvación de los pecados. En este contexto se está hablando del plan de Dios, del rol del hombre y de la mujer. La mujer encuentra su plenitud, su gozo, su alegría, cuando vive para otros, y esta clave me la dio mi esposa, fue lo que me hizo entender el versículo. Si eres soltera o no puedes tener hijos, engendra, como Pablo, hijos espirituales, encuentra en la regla de oro de Cristo tu plenitud y tu felicidad. Mejor es dar que recibir. Yo también me identifico con ellas, porque tengo algo de mujer, soy parte de la esposa de Cristo, y como parte de la iglesia de Dios encontramos nuestra plenitud, nuestro gozo, engendrando hijos espirituales. Encontraremos nuestra plenitud cuando seamos un testimonio del poder y de la gracia de Dios.

PADRE CELESTIAL...

Amantísimo Dios, te damos gracias por tu amor y tu misericordia, por tu bondad y por todas las bendiciones inmerecidas que has traído a nuestras vidas. Gracias por el privilegio de ser tus hijos.

Ayúdanos a reconocer que sin ti no somos nada, a orar sin cesar, a tener en la oración nuestro primer recurso ante cualquier circunstancia, por mínima que sea, porque orar es bueno y a ti te agrada, porque nos trae descanso, tranquilidad, paz. Líbranos de la ingratitud y permite que perseveremos en la oración en acción de gracias (Colosenses 4.2). Enséñanos a discernir el papel del hombre y la mujer como una pluralidad dentro de una unidad.

Permite que como parte de la iglesia de Dios encontremos nuestra plenitud y gozo engendrando hijos espirituales que sean tus aprendices.

Porque en el dulce nombre de tu hijo Jesucristo te lo imploramos. Amén.

1. ¿Qué cambios necesitas hacer para que la oración a Dios tome el primer lugar en tu día?
2. Escribe en un papel una súplica, una oración, una intercesión y una acción de gracias.
3. Intercambien sus papeles con sus hermanos para que durante la semana estén orando unos por otros.
4. ¿Quiénes son aquellos que consideras tus autoridades?
5. ¿Cuál es tu actitud hacia dichas autoridades?
6. ¿Cuáles son tus áreas de responsabilidad en casa, trabajo e iglesia?
7. ¿Podrías darle hoy buenas cuentas a Dios de todo lo que te ha confiado?

LO MÁS IMPORTANTE...

Hace algunos años, mientras todavía vivíamos en Chicago, un muy buen amigo mexicano me hizo el favor de construirme una extraordinaria guitarra. Se dio a la tarea de buscar los mejores componentes para que al final el resultado fuera una guitarra de clase mundial. Esta guitarra sería una réplica, con todos los componentes originales, de una Fender Stratocaster 1970, pero mejorada, aunque parezca difícil de creer, ya que los pick ups o micrófonos estarían construidos a mano por uno de los mejores constructores de guitarras que existen en el mundo. Llegó el momento de recibirla, probarla y tocarla; simplemente era genial. La primera vez que la puse a prueba fue cuando grabé mi disco Esencial, donde estaba buscando un sonido clásico de Stratocaster. Después de trabajar y trabajar con uno de los mejores y más experimentados ingenieros con los que he trabajado, me frustré bastante, ya que no pude conseguir de esa espectacular guitarra el sonido que necesitaba, así que fui y abrí aquel viejo estuche donde se encontraba «la abuelita», no me malentiendan; la abuelita es mi guitarra Fender Stratocaster 1965 que en el año 1979 compré cuando tenía diecisiete años y que en el 82 remodelé ; los cabos hechos en esa ocasión hicieron que «la abuelita» perdiera su valor comercial, mas su valor apreciativo crece y crece porque cada vez que la necesito, ella, haciendo gala del gran instrumento que es, está allí; fiel, entera, fuerte, elegante, a pesar de tantos años, dándome el mejor sonido, la más cómoda acción y, por si fuera poco, los mejores recuerdos con un instrumento, esos recuerdos los hemos construido ella y yo juntos.

En el liderazgo cristiano sucede algo similar; uno suele esperar mucho de los líderes extremadamente talentosos y capaces; pero me pregunto si la capacidad y la competencia son los aspectos más importantes para un líder cristiano, o si existe algo más que debe tomar con seriedad a fin de ser eficaz en la tarea que se le ha encomendado. Leamos juntos qué tiene que decirle el experimentado líder a su aprendiz.

LAS CUALIDADES DE UN LÍDER

En esta primera parte del capítulo 3, el autor nos presenta las cualidades de un líder. Los líderes somos reconocidos más por nuestra función, por nuestra obra, por nuestra contribución, que por nuestro título. El título no es lo que hace al líder. ¿Cómo son seleccionados los líderes en la familia de Dios? En los capítulos siguientes lo veremos en detalle.

3.1 Palabra fiel: Si alguno anhela obispado, buena obra desea.

La palabra *obispo* viene del latín *episcopus* (*epis*: sobre, *copus*: velar u observar), es decir, es alguien que vela, que supervisa, que observa a fondo. Los obispos son hombres maduros cuya función es supervisar y cuyo método es pastorear. Veamos que nos dice 1 Pedro 5.1-3: «A los ancianos que están entre ustedes, yo, que soy anciano como ellos, testigo de los sufrimientos de Cristo y partícipe con ellos de la gloria que se ha de revelar, les ruego esto: cuiden como pastores el rebaño de Dios que está a su cargo, no por obligación ni por ambición de dinero, sino con afán de servir, como Dios quiere. No sean tiranos con los que están a su cuidado, sino sean ejemplos para el rebaño» (NVI). Cuiden y apacienten las ovejas.

Me encanta que el llamado de Dios a los obispos, a los supervisores, a los líderes tenga que ver con cuidar, amar, alimentar, pero nunca con manipular, controlar, presionar, golpear, porque nosotros no aprendimos eso de Cristo. Todos aquellos que lideran de alguna forma, que cuidan, dirigen o enseñan, necesitan requisitos de carácter, no títulos.

El obispado no es un título, es un humilde servicio, y es congruente con lo que Jesús dijo, si él ha venido a servirnos, entonces nosotros también somos llamados a hacer ese liderazgo en el espíritu de humildad, de servicio, de sacrificio.

DEJEMOS A UN LADO LOS TÍTULOS

Para nosotros los latinos, la jerarquía es importante: si no ganamos nada no importa, pero tener un nombre y una posición es fundamental. Hace algunos años a mí me dieron la oportunidad de escoger el nombre del título que quería para mis tarjetas al entrar a Willow Creek. Y pensé en «director», «apóstol», pero preferí decirles que esperaran un poco, que lo quería pensar.

Entonces empecé a buscar los títulos que el Señor se ponía. Jesús nació en un pesebre, en Nazaret, o sea no en el mejor lugar. A pesar de ser el Rey de reyes y Señor de señores, no reclamó algún tipo de pedigrí celestial; Isaías en el capítulo 53.2, hablando del Mesías dice: «Le veremos, mas sin atractivo para que le deseemos». La belleza de Cristo transciende los títulos y las influencias. En Marcos 10.45 leemos: «El Hijo del hombre no vino para ser servido, sino para servir, y para dar su vida en rescate por muchos». Él, que se identificó con la raza humana desde que nació, mientras vivió y hasta que murió, nunca ostentó un título. Aunque un día un hombre llamado Bartimeo lo reconoció: ¡Hijo de David, ten misericordia de mí! (Marcos 10.48). O los demonios: «Jesús, Hijo del Dios Altísimo. Te ruego que no me atormentes» (Lucas 8.28). Pero él nunca usó un título en sus tarjetas para identificarse. Así que pensando en eso, les dije que solo me pusieran Casa de Luz.

3.2 Pero es necesario que el obispo sea irreprensible, marido de una sola mujer, sobrio, prudente, decoroso, hospedador, apto para enseñar.

Cuando en este versículo el autor dice que el siervo de Dios sea irreprensible, no significa que no se equivoca, porque 1 Juan 1.8-10 señala: «Si decimos que no tenemos pecado, nos engañamos a nosotros mismos, y la verdad no está en nosotros. Si confesamos nuestros pecados, él es fiel y justo para perdonar nuestros pecados, y limpiarnos de toda maldad. Si decimos que no hemos pecado, le hacemos a él mentiroso, y su palabra no habita en nosotros». El líder cristiano es llamado a ser honesto, y es vulnerable; y cuando esté enfrentando una tentación, o cuando haya cometido un error, debe tener la humildad, la sencillez de reconocerlo.

Los modelos de impecabilidad y de perfección nos hacen mucho daño porque no reflejan la realidad, solo promueven la religiosidad. ¡Cuidado!, no estamos hablando de pecar para que la gracia abunde, estamos hablando de aprovechar esta gracia disponible para nosotros a fin de que haya un cambio real y dejemos de ser personas con máscaras, particularmente en el liderazgo. En el liderazgo, cuando tu responsabilidad crece, tu libertad disminuye. Hay muchos ejemplos en la vida de Jesús en los cuales renunció a su libertad para cumplir con lo que era su responsabilidad.

Los líderes son llamados a honrar a la mujer de su juventud, a ser prudentes, a estar en su sano juicio, moderados, hospitalarios, debemos aprender a recibirnos en el amor de Cristo. Nuestra principal herramienta no es el presupuesto, ni el equipo, ni las habilidades, ni los títulos; nuestra principal herramienta o recurso es Dios, y enseñar y dirigir sobre la base de la oración. El día que entendamos esto, será un nuevo amanecer en nuestras vidas como cristianos, como familia y como iglesia.

3.3 No dado al vino, no pendenciero, no codicioso de ganancias deshonestas, sino amable, apacible, no avaro.

Recuerdo mucho cuando una vez, estando en México, le pedimos a una persona que fuera pastor de niños en la iglesia que estábamos plantando. A la hora de su devocional y de orar con los niños y adolescentes, él se paraba y se ponía un pin o broche que decía: «Yo amo a Herbalife» y luego su función de enseñar, de dirigir, venía en segundo lugar. Lo primero era conseguir personas que le reportaran ganancias a él y que hicieran una pirámide de dinero, de ambición, de poder y de control, y para ello utilizaba un ministerio. Si cuidamos, lideramos o dirigimos, ese humilde servicio no es para nuestro beneficio personal, mejor dicho, sí lo es pero no es aquí donde recibiremos la recompensa.

Un día vendrá del Señor; dejemos que él sea Dios en nuestra vida y que como nuestro proveedor supla todo lo que nos falte conforme a sus riquezas. Qué triste debe ser que tú no encuentres fruto en lo que haces, que pasen cinco años en el ministerio y estés seco porque has servido con un corazón equivocado. No estamos en el liderazgo para desear ganancias deshonestas. Seamos amables, pendientes de la necesidad de las personas, apacibles, no avaros o amigos del dinero. Nada hemos traído a este mundo, y sin duda nada podremos sacar. Así que teniendo sustento y abrigo, estemos contentos con esto (1 Timoteo 6.7-8). El contentamiento en el liderazgo cristiano es muy importante, no ser avaros.

3.4-5 Que gobierne bien su casa, que tenga a sus hijos en sujeción con toda honestidad (pues el que no sabe gobernar su propia casa, ¿cómo cuidará de la iglesia de Dios?).

Yo crecí con mi mamá y cada vez que llamaban a la casa preguntando por ella y decían: «Le estamos ofreciendo unas enciclopedias y queremos ver si podemos pasar a su casa», yo les contestaba, pues es que no está mi mamá. Y ahora, casado, entonces les digo que no está mi esposa. Uno no cambia; ahora que mis hijos están en una edad importante, mi esposa siempre me trae un reporte celestial, y a veces los números no son tan alegres como yo quisiera. Ayer ella me dijo: «Tú te encargas de este muchachito, yo ya no puedo». Entonces tenemos que dar la cara, dar la cara por nuestra casa, tener a los hijos en sujeción y con todo respeto, porque el que no sabe dar la cara cómo va a dar la cara en la iglesia, cómo va a apacentarla, como va a velar por la congregación. Tenemos que amar y cuidar nuestra casa.

3.6-7 No un neófito, no sea que envaneciéndose caiga en la condenación del diablo. También es necesario que tenga buen testimonio de los de afuera, para que no caiga en descrédito y en lazo del diablo.

¿Qué significan estos versículos? Que el líder no sea nuevo en el tema, para que no que caiga en la condenación del diablo, que quiso la gloria que solo le pertenece a Dios. Cuidado con los recién convertidos, por eso Pablo le dice a Timoteo: No pongas las manos sobre los líderes, no los ordenes, no los envíes ligeramente, permite que lleguen a cierta madurez.

También es necesario dar un buen testimonio para que no caiga en descrédito y en la trampa del diablo. Recientemente, un pastor evangélico secuestró un avión de Mexicana y se le pasó leer el verso 7, este donde se habla de la importancia del buen testimonio, por supuesto nadie se la creyó, ni el presidente, ni la guardia. Porque mezclamos el mensaje de Jesucristo con una manera de vivir

totalmente equivocada y muy apartada de lo que
Jesucristo haría. Sabemos que el que dice que le
conoce, necesita caminar como él camina, y sabes
cómo anduvo Jesús, en amor, nunca en mezquindad ni egoísmo, siempre velando por los demás; ese
es el mayor argumento de que somos hijos de Dios
y nos amamos unos a otros.

**3.8-10 Los diáconos asimismo deben ser hones-
tos, sin doblez, no dados a mucho vino, no codiciosos de ganancias deshonestas; que guarden
el misterio de la fe con limpia conciencia. Y éstos
también sean sometidos a prueba primero, y entonces ejerzan el diaconado, si son irreprensibles.**

Los diáconos son personas no tanto en el liderazgo, ni cuidando o enseñando, son nuestros
amados voluntarios. Aparecen primero en Hechos
6.1-6; los apóstoles estaban sirviendo las mesas de
las viudas y atendiendo sus necesidades, y se dieron cuenta de que era imposible servir las mesas
y aparte dedicarse al ministerio de la palabra y la
oración.

La palabra *diácono* significa servidor. Los diáconos deben estar llenos del Espíritu Santo, dar
buen testimonio, ser honestos, sinceros, sin doblez,
no dados a mucho vino, no codiciosos de ganancias
deshonestas. No porque estemos sirviendo mesas, porque estemos haciendo tareas que no están

necesariamente asociadas con el liderazgo, debemos alejarnos del mensaje de la Biblia. Es triste que a veces pasan hasta cuatro semanas y porque un voluntario tiene mucho trabajo, no se le ve o no tiene tiempo para adorar a Dios y para meterse en la Palabra. Líderes, por favor, sean sensibles, velen porque sus voluntarios estén en contacto con la Palabra de Dios; leíamos que el líder debe ser apto para enseñar y esto no hace referencia a sus capacidades didácticas, sino a su amor por la Palabra, a meditar en ella de día y de noche para que vea prosperada en toda su obra la bendición de Dios.

Por otra parte, todos somos llamados a ser puestos a prueba. Yo llevo cuatro años en Willow Creek y aquí me miden tanto que un día me cogieron comiéndome un pastel que no era mío, y después el jefe de seguridad me corrigió por habérmelo comido, porque la Biblia dice que el que es fiel en lo poco, Dios lo pondrá en lo mucho (Mateo 25.21), el que es fiel en lo ajeno, Dios lo pondrá en lo que es suyo. Es importante que los diáconos muestren fidelidad en cada cosa pequeña para que Dios, a su vez, les abra oportunidades, por su carácter, a más responsabilidad en el servicio.

3.11-13 Las mujeres asimismo sean honestas, no calumniadoras, sino sobrias, fieles en todo. Los diáconos sean maridos de una sola mujer, y que gobiernen bien sus hijos y sus casas. Porque los que ejerzan bien el diaconado, ganan para sí

un grado honroso, y mucha confianza en la fe que es en Cristo Jesús.

¿Sabes lo que significa la palabra *calumnia*? Acusación falsa, hecha maliciosamente. Y la Biblia dice que no seas una persona que acusa, que ve los errores en la gente y está difamando o denunciándola, sino que seas sobria, que vigiles y ores. Cuando veas algo sospechoso, apártate, cuéntaselo a quien más confianza le tengas y ponte a orar. Que tu primer recurso sea la oración y le pidas a Dios que te dé sabiduría para saber cómo actuar y resolver conflictos. Mateo 18.15-22 tiene la clave.

Por otro lado, existe una íntima relación entre los diáconos y su vida privada, ellos deben ser ejemplos para todos. El diácono debe ser esposo de una sola mujer y gobernar de una manera adecuada su casa y su descendencia. Aquellos que ejercen bien el diaconado y son un ejemplo a seguir se ganan un lugar de honor y adquieren mayor confianza para hablar de su fe en Cristo Jesús. ¿Y cómo es esto? Vamos a ver el misterio de la piedad en los versículos del 14 al 16.

NUESTRO GPS CELESTIAL

Cuando yo tenía siete años mi papá nos llevó a vivir a las afueras de la ciudad de México, viene siendo el área metropolitana, en el Estado de México, en el norte. En ese lugar crecí, conocí a Cristo y empecé a ir a una iglesia, a recibir discipulado. Un buen día, de repente, veo que se me va apareciendo una bella mujer, y yo no sabía que era Dios el que me estaba trayendo a mi esposa amada. Ella viene del sur, de Barranca del Muerto. Estoy convencido que fue de Dios el que nos conociéramos; él unió nuestros corazones en su amor. El asunto es que cuando nos casamos y nos fuimos a vivir a nuestro hogar, yo iba mucho al aeropuerto porque al ser músico viajaba bastante, y el aeropuerto quedaba en el oriente, entonces para que mi esposa pudiera ir a recogerme al aeropuerto ella siempre iba a Barranca del Muerto, como a dos horas de donde vivíamos y después andaba otras dos horas porque el único camino que se sabía para ir al aeropuerto era desde la casa de su mamá y así era para ir a todos los lugares, hasta que algo sucedió y compramos un GPS; sin embargo, esto nos ha acomodado porque ya llevamos cuatro años viviendo en Chicago y todavía no sabemos dónde están muchos lugares, no sabemos movernos si no es con el GPS. Y es interesante porque una de las funciones que más me gustan del GPS es cuando te metes por una calle equivocada y te ayuda a volver al camino, te propone otra ruta y, finalmente, te lleva a tu destino.

3.14-15 Esto te escribo, aunque tengo la esperanza de ir pronto a verte, para que si tardo, sepas cómo debes conducirte en la casa de Dios, que es la iglesia del Dios viviente, columna y baluarte de la verdad.

La palabra conducirte me llama la atención, significa manejar, dirigir y dar giros; aquí Pablo le dice a este joven pastor y obispo en la iglesia de Éfeso que le va a dejar un manual para que Timoteo sepa dirigirse, conducirse y si es el caso regrese a fin de llegar a la meta. Muchos de nosotros manejamos nuestra vida espiritual de acuerdo a nuestra falta de capacidad o a nuestras tradiciones o nuestro costumbrismo, pero no de acuerdo al manual. Esta carta a Timoteo, como ya hemos visto, es un manual y estos dos versículos en particular son los que le dan el tono y sentido, son clave en esta carta.

En ocasiones, volviendo a lo del GPS, me he perdido porque el aparato se ha apagado y he tenido que dar muchas vueltas. La Biblia es nuestro manual, es el GPS celestial, lo triste es que en muchos casos está cerrada y estamos dando vueltas y vueltas, estamos perdidos. Esto nos atañe a todos, pero en especial a los líderes, y qué pasa cuando los líderes nos apartamos de nuestro GPS celestial. Pues daremos vueltas sin ir a ninguna parte, y dejaremos a un lado nuestra función principal, recordemos lo que Jesús le dijo a Pedro en Juan 21.15, que apacentara a sus ovejas, que alimentara a sus corderos.

Nuestro GPS celestial nos enseña cómo conducirnos en la casa de Dios, en la iglesia. Y la palabra casa significa santuario, vivienda, lugar de habitación, un lugar favorito, tu casa; pero también se traduce como familia. Cuando Pablo salió de la cárcel en Filipos predicó el evangelio al carcelero y terminó bautizándolo a él con toda su casa, su familia, la que recibió el mensaje y todos fueron bautizados (Hechos 16.32-33). Cuando la Biblia dice yo y mi casa serviremos al Señor, estamos hablando de familia, la familia de Dios. Y lo que nos dice es para que aprendamos a portarnos en familia en la casa de Dios, y más aun, dice que es la iglesia del Dios viviente.

La iglesia somos nosotros, una asamblea de personas que Dios ha sacado de las tinieblas a su luz admirable, que estamos en el mundo o sistema, pero que ya no somos del mundo, ahora somos peregrinos y estamos esperando una ciudadanía, la celestial. En este lugar hay valores completamente diferentes, hay principios como el de Cristo, que el más grande de entre nosotros sea el que sirva. Somos la familia de Dios, columna y baluarte de la verdad. Columna es lo que sostiene, baluarte es lo que da apoyo. Ahora no se está hablando de doctrina, se está hablando de verdad, de un estilo de vida. Un líder es aquel que cuida de alguien, que enseña a otras personas, alguien que dirige, y todos nosotros somos líderes; estas calificaciones son enormes y hablan de una justicia y santidad que solo Dios posee y que solo él imparte. Nosotros, la iglesia, somos llamados a sostener esa verdad, no con nuestros dichos, sino con nuestras acciones, de otra manera seríamos una filosofía más, una religión más y no mereceríamos, no podríamos ostentar el título de ser la familia de Dios.

3.16 E indiscutiblemente, grande es el misterio de la piedad: Dios fue manifestado en carne, justificado en el Espíritu, visto de los ángeles, predicado a los gentiles, creído en el mundo, recibido arriba en gloria.

Veamos en este capítulo lo que nos transmite la palabra misterio, es algo que ha sido oculto por los siglos, pero que en un momento Dios lo da a conocer. En este pasaje, la piedad es un misterio que no está oculto, sino que es revelado. Piedad es devoción a Dios, es proponernos agradar a Dios, no a nuestra carne, no a nuestros amigos o a la sociedad, sino agradar a Dios. Y no se puede ser un líder sin ser una persona piadosa, no se puede ser parte de la iglesia de Cristo sin ser una persona piadosa.

Sabemos que estas calificaciones son para todos los que servimos, pero en realidad son aplicables a todos. Y cómo vivimos una vida piadosa. Es Dios con nosotros. Dios fue manifestado en carne, nació en un pesebre, en Belén, vivió en Nazaret de Galilea, caminó, hizo señales, hizo milagros y prodigios, vivió una vida impecable y sin mancha, murió y derramó su sangre, no fue un hombre más y mucho menos uno de los tantos caminos que llevan a Roma, fue Dios. Ese Dios por el cual fueron hechas todas las cosas desde el principio y ese verbo creador se hizo carne y habitó entre nosotros y vimos su gloria como el unigénito del Padre lleno de gracia y de verdad (Juan 1.14). En Colosenses 2.9

dice que en Cristo habita corporalmente la plenitud de la Deidad. Por otra parte, en Juan 10.30 leemos: «Yo y el Padre uno somos». Él tomó forma de siervo, se despojó de su posición de Rey, les lavó los pies a sus discípulos y fue a una cruz a lavar tus pecados y mis pecados.

Cuando Jesús fue bautizado y desciende el Espíritu Santo en forma de paloma se oyó una voz que dijo: «Este es mi Hijo amado» (Mateo 3.17). Lo que quiere decir que el Espíritu Santo confirmó, justificó que el que estaba siendo bautizado era el Hijo de Dios; Dios con nosotros.

Él predica a los gentiles, cuántas veces tomó su barca, fue al otro lado del lago y ahí en el lugar donde no había judíos una y otra vez anunció el reino de Dios; y dice que fue predicado a los gentiles y creído en el mundo. El que creyó al pie de la cruz, este fue un gentil no judío; el centurión que le había traspasado el costado dijo: «Verdaderamente este hombre era Hijo de Dios» (Marcos 15.39).

Visto de los ángeles; cuando leemos en Éxodo 25 acerca del arca que Dios manda a construir a Moisés como una representación del Lugar Santísimo, hay unos querubines celestiales que tienen sus alas cubriendo su rostro porque la santidad y la luz de Dios es inaccesible. Cuando Jesucristo nace, los ángeles cantan y los pastores van a la escena de la Navidad.

Por tanto, lo que nos debe mover es la vida de Cristo dentro de nosotros; el Espíritu Santo da testimonio de que somos sus hijos. La Biblia dice en Romanos 8.1-2: «Por lo tanto, ya no hay ninguna condenación para los que están unidos a Cristo Jesús, pues por medio de él la ley del Espíritu de vida me ha liberado de la ley del pecado y de la muerte» (NVI). En efecto, la ley no pudo liberarnos porque la naturaleza pecaminosa anuló su poder; por eso Dios envió a su propio Hijo para que se ofreciera en sacrificio por el pecado.

El último punto del misterio de la piedad: recibido en gloria. Después de haber dado instrucciones, Jesucristo fue tomado y arrebatado ante los ojos de muchos. Pero el libro de Hebreos (8.1) nos dice que Jesús está a la diestra del Padre, pensando en cada uno de nosotros e intercediendo, y él no duerme porque guarda a sus hijos, a nuestros esposos y esposas, es alguien que vive para interceder por ti delante del Padre. A él damos toda la gloria y toda la alabanza. Nosotros tenemos una responsabilidad; somos la familia de Dios, que con nuestros actos vamos a hacer creíble su Palabra porque él se ha de revelar en nuestras vidas y porque nosotros nos vamos a rendir a su plan, a su señorío, a su proyecto en nuestra vida, a abandonar el pecado y darle la cara a él.

PADRE CELESTIAL...

Gracias por dejarnos este manual que nos dice cómo conducirnos en la iglesia de Dios «que es la iglesia del Dios viviente, columna y baluarte de la verdad» (1 Timoteo 3.15).

Permite que podamos centrarnos en lo que es más importante que los títulos, en tratar de ser cada día mejores, en reunir las cualidades que todo líder aprendiz de Jesucristo necesita para ser eficaz en la tarea que se nos ha encomendado, y cuando cometamos un error ayúdanos a tener la sencillez de reconocerlo.

Guíanos en este humilde servicio de liderar y ayúdanos a caminar como Jesús, en piedad, en amor, nunca en mezquindad ni egoísmo, y velando por los demás.

En el nombre de Jesucristo. Amén.

1. Aunque estas cualidades son para los líderes en este pasaje, ¿crees que son aplicables a cada cristiano? ¿Por qué?
2. ¿En cuáles de estos aspectos Dios te ha permitido hacer logros significativos en los últimos meses? ¿En qué otros necesitas trabajar?
3. ¿De qué manera los demás pueden orar por ti?
4. ¿Quiénes son en tu iglesia los obispos y quiénes los diáconos?
5. ¿Qué aspecto del ministerio de Jesucristo mencionado aquí aprecias o necesitas más hoy?
6. ¿Consideras que tu fe está basada más en las reglas o en una relación con Jesucristo?
7. ¿De qué manera te relacionas con él? ¿Cada cuánto?
8. Ya que el versículo 16 era originalmente una canción, escribe el pensamiento, poesía, canción acerca de él y compártelo.

4

ENTENDIMIENTO CORRECTO... COMPORTAMIENTO CORRECTO

Desde que mi familia y yo nos mudamos a California, a esta nueva aventura de fe para plantar Semilla Eastside, esta hermosa iglesia que día a día crece al norte de Anaheim, no había tenido la oportunidad de ir al médico para ese chequeo anual de rutina muy recomendado para aquellos mayores de cuarenta años, ahora imagínense para mí; no digo recomendado, sino altamente recomendado. Así que allí me tienen con el pánico asociado por ver una aguja hipodérmica y a una enfermera que parecía que aquella no había sido su mejor mañana, lista para tomar una muestra de mi sangre... A pesar de que esa fue una verdadera escena de terror para mí, creo que más se asustaron mi esposa y mis hijas cuando llegué a casa con los resultados de dicho examen. Mi nivel de colesterol LDL, conocido por algunos como colesterol malo, estaba en 240, justo en el nivel donde puede ocasionar un infarto al miocardio, situación que del lado de la familia Hermosillo ha sido un asunto recurrente. Las niñas lloraron y me prometieron ayudarme a cambiar mis hábitos alimenticios. En un reciente viaje a mi ciudad natal, México DF, me sorprendí muchísimo de mi comportamiento, ya que alimentos que antes no podía dejar de consumir y en cantidades abundantes, como el chicharrón o la carne de res en sus clásicas y «muy saludables» presentaciones (tacos, tostadas, tamales, todo lo relacionado con la vitamina «t»), ya no estaban en mi mente y, por lo tanto, a pesar de haberlos tenido frente a mí, pude decir no, ya que tengo un entendimiento muy diferente de lo que pueden causarle a mi salud, aunado al impacto tan desbastador que pueden causar a mi familia en el caso de un inesperado y fulminante infarto.

Sí, nuestro comportamiento está determinado por nuestro entendimiento de las cosas; un entendimiento correcto da a luz un comportamiento correcto. Una creencia equivocada produce una conducta equivocada. Ideas corruptas provocan personas corruptas.

En esta ocasión, Pablo nos da un perfil de los líderes afectados por creencias equivocadas y la manera en que un líder sincero, discípulo de Jesucristo, puede escapar del error, y cultivar una creencia y una conducta saludable.

¡CUIDADO CON LOS ENGAÑADORES!

4.1 Pero el Espíritu dice claramente que en los postreros tiempos algunos apostatarán de la fe, escuchando a espíritus engañadores y a doctrinas de demonios.

En los capítulos anteriores hemos visto ataques contra aquellos que han abandonado la fe, pero no como en este capítulo 4. Este ataque aquí es contundente porque extraordinarios discípulos, con gran potencial y talento fueron engañados, escucharon enseñanzas diabólicas y abandonaron la cancha de la fe. Como las mentiras fueron infiltradas en el compañerismo de los cristianos de aquella época, Pablo le dice a Timoteo: Ten sumo cuidado porque muchos de tus buenos jugadores potencialmente van a abandonar la cancha y la razón, y van a escuchar espíritus engañadores y doctrinas diabólicas.

¿Qué significa doctrina diabólica? Vemos una doctrina diabólica en Génesis 3.5, cuando la serpiente, Satanás, habla con la mujer, desafía lo que Dios enseñó y le dice: «Sabe Dios que el día que comáis de él, serán abiertos vuestros ojos, y seréis como Dios, sabiendo el bien y el mal». Dios les había dado libertad de comunión y relación con él, pero había puesto límites en el total ejercicio de su soberanía y su majestad, y Satanás desafió los límites y la autoridad haciéndole creer a la mujer que el ser humano por sí mismo puede vivir una vida piadosa. Ese es el engaño, que creemos poder vivir una vida piadosa separados de Cristo, y es el argumento cuando estamos reacios a escuchar del Señor Jesús y leer su Palabra. Esta falsa enseñanza te enferma y te obliga a dejar la fe y tu confianza en Cristo porque pones tu confianza en ti mismo. La Biblia dice que el principio de la sabiduría es respetar, honrar y obedecer a Dios, pero lo que nosotros hacemos fuera de Dios no tiene nada que ver con el mensaje de la Biblia.

4.2-5 Por la hipocresía de mentirosos que, teniendo cauterizada la conciencia, prohibirán casarse, y mandarán abstenerse de alimentos que Dios creó para que con acción de gracias participasen de ellos los creyentes y los que han conocido la verdad. Porque todo lo que Dios creó es bueno, y nada es de desecharse, si se toma con acción de gracias porque por la palabra de Dios y por la oración es santificado.

Todas estas ideas son el resultado de la hipocresía, la mentira, el no tener una conciencia limpia. Habíamos visto en 1 de Timoteo 1.5 la importancia de un corazón limpio: «Debes hacerlo así para que el amor brote de un corazón limpio, de una buena conciencia y de una fe sincera» (NVI). Que en nuestro corazón brote el amor por Dios con una conciencia buena, y este amor surge cuando tenemos un corazón limpio, no impecable, que es cuando reconocemos nuestras faltas y le pedimos de todo corazón que nos limpie y transforme. La Biblia promete que aquellos que tienen un corazón así verán a Dios, pero aquellos que no lo poseen tendrán estas ideas religiosas que vienen en representación de la hipocresía, la mentira, la conciencia cauterizada.

Cuando la Biblia dice que no es bueno que el hombre esté solo y que cada uno debe tener su propia mujer en santidad y honor, está aprobando el matrimonio. El punto aquí es prohibir algo que Dios no prohíbe y mandar a abstenerse de comer algo que Dios creó. Esas son doctrinas diabólicas y eso es religión; prohibir cosas. Dios creó estas cosas para que los conocedores de la verdad las reciban con acción de gracias.

EN EL GIMNASIO CELESTIAL

4.6-10 Si esto enseñas a los hermanos, serás buen ministro de Jesucristo, nutrido con las palabras de la fe y de la buena doctrina que has seguido. Desecha las fábulas profanas y de viejas. Ejercítate para la piedad; porque el ejercicio corporal para poco es provechoso, pero la piedad para todo aprovecha, pues tiene promesa de esta vida presente, y de la venidera. Palabra fiel es esta, y digna de ser recibida por todos. Que por esto mismo trabajamos y sufrimos oprobios, porque esperamos en el Dios viviente, que es el Salvador de todos los hombres, mayormente de los que creen.

La enseñanza era la constante en el ministerio de Jesucristo. En el libro de Marcos se lee que él enseñó y enseñó, ese era el patrón de la vida del Señor, enseñar acerca del reino de Dios, y ese es el patrón que todo buen ministro de Jesucristo debe seguir, además de rechazar las fábulas profanas y ejercitarse en la piedad. Dice Pablo a Timoteo que el ejercicio físico trae algún provecho, pero la piedad es útil para todo. Cada hora que pasas en el gimnasio te da una hora extra a tu vanidad, pero no es muy provechosa. Sin embargo, la piedad sí es útil para todo; por muy apuestos que seamos en esta vida, es algo temporal, no nos va a aprovechar, pero si nos ejercitamos en la piedad, eso sí va a impactar nuestra vida eterna. La vida eterna comienza en el momento en que recibes a Jesús en tu corazón como Salvador y Señor y te das un tiempo para escuchar su voz y que su Palabra te transforme para que la gente pueda verlo.

Y siguiendo con la comparación, si quieres ver progreso en el gimnasio, te tienen que doler los músculos. Alguien que hace mucho ejercicio una vez me dijo: «Cuando sienta bastante dolor en mis músculos entonces voy a creer que hay progreso y eso me dará placer, voy a asociar el dolor con el placer». En nuestra vida espiritual sucede algo parecido. Cuando nos ejercitamos en la piedad, cuando trabajamos duro en el ejercicio espiritual, lo hacemos hasta que nos duela porque hay una esperanza en el Dios viviente que es el Salvador de todos, pero más de los que creen. El estar involucrado en disciplinas espirituales y prácticas, ejercitándote en la piedad, habla de una esperanza que tú tienes dentro de tu corazón.

4.11-12 Esto manda y enseña. Ninguno tenga en poco tu juventud, sino sé ejemplo de los creyentes en palabra, conducta, amor, espíritu, fe y pureza.

Timoteo no es un adolescente, más o menos está en sus 30 años, es un hombre apropiado para el ejercicio y visto desde la perspectiva de Pablo, que ya está en los 70. Pablo le relaciona una lista de músculos que hay que habilitar: en primer lugar la palabra, es decir, la manera de hablar, la lengua. Una gran nave gobernada por un pequeño timón, la lengua, dice la Biblia en Santiago 3.4-6, pero este pequeño miembro está lleno de maldad y no puede ser refrenado, solo con el poder sobrenatural del Espíritu Santo, por eso es más fácil ser hipócrita, mentiroso, que refrenar tu manera de hablar. Segundo músculo, la conducta, que es la que va a dar testimonio de que somos hijos de Dios. Después el amor, enfocado en otros para la gloria de Dios y nunca atrayendo la atención hacia nosotros. Por último la fe y la pureza. Todos estos son músculos que necesitamos ejercitar para ser un buen ministro de Jesucristo.

4.13-16 Entre tanto que voy, ocúpate en la lectura, la exhortación y la enseñanza. No descuides el don que hay en ti, que te fue dado mediante profecía con la imposición de las manos del presbiterio. Ocúpate en estas cosas; permanece en ellas, para que tu aprovechamiento sea manifiesto a todos. Ten cuidado de ti mismo y de la doctrina; persiste en ello, pues haciendo esto, te salvarás a ti mismo y a los que te oyeren.

Aquí vienen las sesiones, el entrenamiento y la dieta. Por mucho ejercicio que hagas en un día o dos, no va a ser igual a que lo hagas todos los días, poquito pero constante; así sucede en la vida espiritual. No es importante cómo comienzas tu carrera cristiana, sino cómo la terminas, y para terminarla es importante la disciplina espiritual, la práctica espiritual y el gimnasio celestial. Hay tres cosas que hacer: la lectura de la Palabra de Dios, en privado y en público; la exhortación de unos a otros para ayudarnos cuando te ocupas de los demás, Cristo dice (Mateo 10.42) que un vaso de agua que tú des en su nombre no quedará sin recompensa, y esta no va a venir del pastor o de otra persona, sino del Señor, dice que el que recibe a un pequeñito recibe a Cristo; y por último y no menos importante, la enseñanza. Por otro lado, Dios ha puesto regalos para hacer en el nombre de Jesucristo, regalos que debes ejercitar, y los cuales te van a asegurar una vida eterna en el porvenir.

Ten cuidado de tu conducta y de tu enseñanza. Persevera en todo ello. No importa tanto cómo comenzamos, sino cómo permanecemos en la carrera hacia la meta que es Jesús, para que esos músculos espirituales sean vistos por todos y que verdaderamente Cristo sea nuestra meta. Así que hay dos aspectos que no deben olvidarse: primero, cuida de ti mismo, de tu corazón; cuando meditas en la Palabra de Dios estás cuidando de ti mismo y es tu mejor contribución. Segundo, cuida a los que te oyen. Muchos van a dejar la cancha, pero tú vas a ser salvo y vas a estar en el equipo celestial de Cristo.

PADRE CELESTIAL...

Gracias mi Señor y Salvador por tu Palabra «que es viva y eficaz» (Hebreos 4.12), que nos acerca cada día más a ti y nos ilumina el camino. Ayúdanos para que al leerla, tengamos un entendimiento correcto que nos haga actuar de la manera adecuada y nos proteja de creencias equivocadas.

Permite que podamos trabajar duro en el ejercicio espiritual, que podamos practicar la verdadera piedad, que seamos un ejemplo de conducta, manera de hablar, disciplina espiritual, fe y pureza, y que a partir del conocimiento de tu Palabra, podamos exhortar y enseñar como buenos aprendices, para así no solo cuidar de nosotros, sino de aquellos a quienes lideramos.

Pido todo esto en el precioso y bendito nombre de Jesucristo que es sobre todo nombre. Amén.

PREGUNTAS PARA LA REFLEXIÓN

1. ¿En qué inviertes más tiempo durante el día, en el entrenamiento físico o en el entrenamiento espiritual?
2. ¿Qué tan intenso ha sido últimamente tu entrenamiento espiritual?
3. ¿Qué don espiritual tienes descuidado?
4. ¿Qué disciplinas espirituales debes poner urgentemente en práctica a fin de recuperar o conseguir la condición espiritual que necesitas?

5

UN MARAVILLOSO PRINCIPIO

El obedecer al llamado que Dios nos ha hecho de plantar iglesias centradas en Cristo y basadas en la Biblia ha traído consigo muchos retos, pero también muchas satisfacciones y la oportunidad de vivir como familia muchas aventuras, así como conocer a personas hermosas y vivir en lugares cultural y naturalmente muy diferentes. Nos encanta nuestro nuevo hogar, Orange County, California, pero de ninguna manera pensamos que es mejor que algún otro lugar en el que hayamos vivido y servido al Señor. Todos tienen sus particularidades, similitudes y diferencias. Algo que amamos de Cuernavaca son sus impresionantes y sincronizadas lluvias, las que hacen de este sitio, unido a su fantástico clima, el lugar mexicano de la eterna primavera. Estas lluvias son tan sincronizadas que se desprenden del cielo normalmente en la noche, regando la tierra y refrescando el ambiente que en algunas áreas de la ciudad es bastante calentito.

Una de esas noches, entre el agua y el viento golpeando las ventanas de nuestra habitación y, claro, también uno que otro relámpago (no tan violentos como los de Chicago, por supuesto), mientras estaba ya en la cama a punto de dormir, bien abrazadito de mi esposa Gaby, tuvimos una conversación acerca de cuál sería finalmente la casa que Dios nos permitiría comprar y dónde, ante el inminente llamado que nos había hecho de ir a Chicago a plantar una iglesia, que ahora en retrospectiva recordamos con tanto cariño y gratitud, nuestra hermosa familia de Casa de Luz. Gaby me dijo desde el fondo de su corazón, y sé que fue desde el fondo de su corazón porque impactó profundamente y para siempre el mío: «Yo no necesito una casita para sentirme amada por ti. Donde quiera que estés tú y podamos estar así, abrazaditos, será mi hogar, no importa si es una casita, una tienda de campaña o un palacio». Esas palabras le han dado un tremendo valor a mi vida y un sentido de seguridad a nuestro matrimonio, porque después de todo, Jesús dijo: «la vida del hombre no consiste en la abundancia de los bienes que posee» (Lucas 12.15).

Ya que el líder cristiano en muchas ocasiones tiene que tomar decisiones económicas y considerar con seriedad ser un administrador de los recursos que Dios le ha confiado, necesita ver estos a la luz de lo que al final verdaderamente importa: las personas, «porque de tal manera amó Dios al mundo, que ha dado a su Hijo unigénito, para que todo aquel que en él cree, no se pierda, mas tenga vida eterna» (Juan 3.16).

En Willow Creek, la iglesia en la que servimos y plantamos nuestra primera congregación latina dentro de Estados Unidos existe un valor o principio de ministerio fundamental, del cual derivan un sinfín de iniciativas y maravillosos ministerios: la gente es muy importante para Dios.

En este capítulo aprenderemos cómo un líder cristiano, ante toda clase de demandas que el ministerio trae consigo, debe ver y atender a las personas, a su familia y a los más vulnerables entre su comunidad, ¿Me acompañan?

EL RESPETO QUE MERECEN

5.1-2 No reprendas al anciano, sino exhórtale como a padre; a los más jóvenes, como a hermanos; a las ancianas, como a madres; a las jovencitas, como a hermanas, con toda pureza.

Dios nos hace habitar en familia y este texto nos dice cómo tratarnos. Como cristianos y como líderes somos llamados a confrontar a los miembros de la familia que con sus ideas erróneas tengan vidas disfuncionales y que afecten a los demás miembros. Mejor es reprensión manifiesta que amor oculto (Proverbios 27.5). Somos llamados a confrontar con el error, pero a las personas mayores se les tiene que tratar con un respeto muy especial. Levítico 19.32 afirma: «Ponte de pie en presencia de los mayores. Respeta a los ancianos. Teme a tu

Dios. Yo soy el Señor» (NVI). Este texto nos dice que es muy importante reconocer, respetar y honrar las canas, sin menospreciarlas. Cuidemos unos de otros por amor. A las ancianas tratémoslas como a madres y a las jóvenes como hermanas, con toda pureza. La Palabra es castidad, cuidando nuestras relaciones.

VELANDO POR LOS NECESITADOS

5.3-4 Honra a las viudas que en verdad lo son. Pero si alguna viuda tiene hijos, o nietos, aprendan éstos primero a ser piadosos para con su propia familia, y a recompensar a sus padres; porque esto es lo bueno y agradable delante de Dios.

En el tiempo de Pablo, había muchas viudas, la mayoría de las cuales se encontraban desprotegidas. Este texto habla de las viudas, pero yo quisiera reconocer principios que puedan ayudarnos a cuidar unos de otros. En la iglesia nos debemos respeto, cuidado y amor los unos por los otros, y Pablo nos dice que atendamos las necesidades de las personas que en verdad lo requieran.

Es obvio que como seguidores de Cristo debemos ser piadosos con nuestra propia familia y recompensar a nuestros padres, esto es lo que agrada a Dios, sin embargo no es muy popular. Veamos lo que nos dice Proverbios 23.22 acerca de este tema:

«Escucha a tu padre, que te engendró, y no desprecies a tu madre cuando sea anciana» (NVI). Mi madre tiene setenta y tres años y a veces no la escucho, ella siempre anda diciéndome este versículo para hacerme reflexionar. Cuando mis hijos eran pequeños, yo era su héroe, pero ahora que han crecido ya no soy el héroe, mucho menos desde que me torcí el tobillo y dejé de jugar fútbol, ya no me tienen tanta paciencia, y ahora que uso lentes me doy cuenta de la importancia de esta palabra. Cuando mi suegra se pensionó no había apoyo para los ancianos y la única opción era que la iglesia o la familia directa se encargara de ella.

Cuando se habla de recompensar a nuestros padres no necesariamente tiene que ser dinero, puede ser una simple llamada. En el caso particular de mi madre, ella quiere saber todo cada vez que la llamo, entonces yo debo aprender a ser piadoso con ella y a recompensarle y platicarle. La Biblia nos manda a honrar a nuestros padres.

5.5-6 Mas la que en verdad es viuda y ha quedado sola, espera en Dios, y es diligente en súplicas y oraciones noche y día. Pero la que se entrega a los placeres, viviendo está muerta.

Pablo hace referencia aquí a la viuda que ha quedado sola, a la que no tiene familia inmediata que pueda hacerse cargo de ella. El Espíritu detrás del texto es que nosotros como familia estamos obligados a cuidar de aquellos que están solos. En Estados Unidos yo he visto la soledad golpear duro, las familias han quedado a miles de kilómetros de muchos y tenemos una deuda con esas personas que están tan solas. La Biblia enseña que no nos cansemos de hacer el bien. Gálatas 3.10 lo confirma: «Todos los que dependen de las obras de la ley están bajo maldición, pues escrito está: Maldito aquel que no permaneciere en todas las cosas escritas en el libro de la ley». No podemos ser indiferentes ante las necesidades de los demás, ¿cómo puede morar el amor en nosotros cuando le damos la espalda a nuestros hermanos que han quedado solos y que padecen necesidad? En el versículo 6 Cristo nos habla de una sed y un hambre que solo su perdón y su gracia pueden saciar en nuestro corazón. Hace algún tiempo vino a nuestra congregación una mujer por la cual yo oré. Ella me dijo que lo único que quería era esperanza; lo que me marcó de aquella petición fue darme cuenta de que la prioridad y la necesidad más grande de una persona es el perdón de pecados y la vida eterna en Cristo, a fin de que tengan esperanza y la fe con el Señor en su corazón, para poder enfrentar las adversidades de este mundo, ya que en Cristo «somos más que vencedores por medio de aquel que nos amó» (Romanos 8.37).

5.7-8 Manda también estas cosas, para que sean irreprensibles; porque si alguno no provee para

los suyos, y mayormente para los de su casa, ha negado la fe, y es peor que un incrédulo.

La Biblia enseña acerca del afecto natural, el que incluso tienen los pájaros cuando salen temprano a buscar comida y ponen el gusanito en cada uno de sus pajaritos. Las personas que no tienen fe ni esperanza demuestran este afecto natural por los suyos, proveyendo todo lo necesario. Y dice el verso que cualquier persona que es nacida de nuevo, hija de Dios por la fe en Jesucristo, y que no provee a los de su propia casa es peor que un incrédulo. No hay algo más decepcionante que recibir el cheque, comprar cosas que necesitamos y, sin embargo, no llegar a donde tenemos que llegar, a Dios, que es el proveedor y el sustentador de todos y de todo lo que existe. A nuestros jóvenes debemos enseñarles que cuando trabajen y les llegue el cheque, una parte es para el Señor. Debemos honrar a Dios con nuestros bienes, con las primicias de todos nuestros frutos, y también honrar a nuestros padres, lo necesiten o no, para así estar libres de toda avaricia, que es idolatría pura.

5.9-10 Sea puesta en la lista sólo la viuda no menor de sesenta años, que haya sido esposa de un solo marido, que tenga testimonio de buenas obras; si ha criado hijos; si ha practicado la hospitalidad; si ha lavado los pies de los santos; si

ha socorrido a los afligidos; si ha practicado toda buena obra.

Observa con detenimiento estas cualidades; la Biblia enseña que Dios espera de las personas que son ayudadas en la iglesia: que sean reconocidas por sus buenas obras, tales como criar hijos, practicar la hospitalidad, lavar los pies de los santos (en otras versiones de la Biblia se utiliza la palabra creyentes), ayudar a los afligidos, a los que sufren y aprovechar toda oportunidad para hacer el bien, toda buena obra. Este principio es el de dar y recibir. La Biblia dice que la abundancia vuestra, supla la escasez de ellos (2 Corintios 8.14), y esto me lleva a pensar que nunca se es lo suficientemente pobre como para no poder dar algo: puedes dar tiempo, amor, oración, servicio y muchas cosas más que no se compran con dinero, y a eso Pablo le llama dar y recibir.

5.11-16 Pero viudas más jóvenes no admitas; porque cuando, impulsadas por sus deseos, se rebelan contra Cristo, quieren casarse, incurriendo así en condenación, por haber quebrantado su primera fe. Y también aprenden a ser ociosas, andando de casa en casa; y no solamente ociosas, sino también chismosas y entremetidas, hablando lo que no debieran. Quiero, pues, que las viudas jóvenes se casen, críen hijos, gobiernen su casa; que no den al adversario

ninguna ocasión de maledicencia. Porque ya algunas se han apartado en pos de Satanás. Si algún creyente o alguna creyente tiene viudas, que las mantenga, y no sea gravada la iglesia, a fin de que haya lo suficiente para las que en verdad son viudas.

Parece que al principio estas viudas se daban en devoción a Dios, pero después querían casarse, y la Biblia plantea que cuando hagas una promesa a Dios no tardes en cumplirla porque Dios no se complace con los que prometen y no cumplen. Eclesiastés 5 dice: «Vale más no hacer votos que hacerlos y no cumplirlos».

El autor apunta que se vuelven ociosas, es decir inoperantes o inactivas, y que algunas ya se han descarriado para seguir a Satanás.

CONSEJOS SABIOS

5.17-25 Los ancianos que gobiernan bien, sean tenidos por dignos de doble honor, mayormente los que trabajan en predicar y enseñar. Pues la Escritura dice: No pondrás bozal al buey que trilla; y: Digno es el obrero de su salario. Contra un anciano no admitas acusación sino con dos o tres testigos. A los que persisten en pecar, repréndelos delante de todos, para que los demás también teman. Te encarezco delante de Dios y del Señor Jesucristo, y de sus ángeles escogidos, que guardes estas cosas sin prejuicios, no haciendo nada con parcialidad. No impongas con ligereza las manos a ninguno, ni participes en pecados ajenos. Consérvate puro. Ya no bebas agua, sino usa de un poco de vino por causa de tu estómago y de tus frecuentes enfermedades. Los pecados de algunos hombres se hacen patentes antes que ellos vengan a juicio, mas a otros se les descubren después. Asimismo se hacen manifiestas las buenas obras; y las que son de otra manera, no pueden permanecer ocultas.

En estos versículos finales del capítulo 5 Pablo hace un énfasis especial en la necesidad de darles a los ancianos todo el honor y la consideración que merecen, así como protegerlos de falsas acusaciones, lo que no significa que cuando sea necesario sean disciplinados, lo cual debe hacerse de manera imparcial. Cómo podríamos evitar disciplinar a un líder. Pablo nos dice, no impongas con ligereza las manos a ninguno, es decir no les des responsabilidades si no están preparados. Termina apuntando que los pecados y las buenas obras no siempre son visibles, por tanto, en ocasiones no es fácil determinar si el escogido sería una buena elección.

PADRE CELESTIAL...

«Porque tuve hambre, y me disteis de comer; tuve sed, y me disteis de beber; fui forastero, y me recogisteis; estuve desnudo, y me cubristeis;

enfermo, y me visitasteis; en la cárcel, y vinisteis a mí. Entonces los justos le responderán diciendo: Señor, ¿cuándo te vimos hambriento, y te sustentamos, o sediento, y te dimos de beber? ¿Y cuándo te vimos forastero, y te recogimos, o desnudo, y te cubrimos? ¿O cuándo te vimos enfermo, o en la cárcel, y vinimos a ti? Y respondiendo el Rey, les dirá: De cierto os digo que en cuanto lo hicisteis a uno de estos mis hermanos más pequeños, a mí lo hicisteis» (Mateo 25.35-40).

PREGUNTAS PARA LA REFLEXIÓN

1. ¿Puedes decir que tratas como padres, madres, hermanos o hermanas a los miembros de la iglesia a la que perteneces? ¿Tienes que hacer algunos ajustes a tus relaciones con los miembros de la iglesia? ¿Cuáles?

2. ¿Cómo es tu relación con los miembros de tu familia? ¿Son ellos tu prioridad? ¿Los cuidas mejor que como las personas no cristianas cuidan a su familia?

3. ¿Cómo puedes sumarte a la responsabilidad que tiene la iglesia de cuidar a las personas que no tienen familia?

6

EL «INGREDIENTE ESPECIAL»

Durante todo el tiempo que duró mi viaje la semana pasada, estuve pensando en este día, el lunes, justo después de nuestro fantástico encuentro de ayer en Semilla Eastside, en el cual disfrutamos de un incomparable tiempo de compañerismo al estilo Hechos 2, despidiendo el día comiendo con nuestra nueva familia en Cristo. Terminé muy cansado, pero muy contento a la vez. Me desperté hoy nuevamente con el mismo pensamiento: lunes, día de recobrar fuerzas caminando, disfrutando, cualquier cosa pero al lado de mi esposa Gaby.

Lo interesante es que no nos habíamos visto, y yo no sabía que ella había tenido que escribir en su agenda algunos compromisos, como llevar a Pamela, mi hija menor, al dentista, y a Erick a una entrevista de trabajo, etc... Yo dije, bueno, pues me voy, es lunes, lo he esperado con mucha anticipación y ahora, en California, tengo todos los lunes una cita con mi lugar favorito, Corona del Mar. Preparé algunas frutas y bebidas para llevar en mi mochila, para ese día especial. Por estar limitados de vehículos, le pedí a Gaby que me llevara, y cuando llegué a Corona lo primero que hice fue caminar y disfrutar de esos paisajes, esa hermosa vegetación y el ambiente marino inigualable y extremadamente saludable.

Casualmente me encontré con una pareja de nuevos amigos que me invitaron a compartir con ellos, pero Gaby no podía estar conmigo. Consideré que hacer un mal tercio era una mala idea. Así que fui disfrutando del paisaje , meditando en lo que había leído y orado en la mañana en casa y continué con mi «día especial». Debo reconocer que el no poder comentar con Gaby mis impresiones acerca de toda la belleza que percibía, hizo que mi experiencia fuese un poco insípida. Pero en fin, terminé encontrando un muy buen lugar con excelente sombra y vista inspiradora, solo que después de veinte minutos se fueron las nubes, salió el sol y no hubo lugar a donde yo pudiera sentarme a escribir sin el agobio de los rayos ultravioleta sobre mí.

Caminé por las calles que nos gusta recorrer a Gaby y a mí y no paraba de pensar: *¿Qué diría Gaby de esta o aquella planta; esta o aquella casa?*... Jajaja (porque somos bien metiches), llegué hasta la avenida costera llamada PCH, y seguí caminando, buscando un pequeño café donde sin distracciones pudiera trabajar, pero sin perder la inspiración en mi «día especial», inspiración que una mujer manejando una camioneta de súper lujo casi me quita al golpear mi mochila con su espejo retrovisor, ya que sin haberme visto no detuvo su automóvil mientras yo, cruzando, llevaba la preferencia. Continué con mi caminata, y mientras tanto me encontré con lugares interesantísimos, de arte, comida y hasta un muy atractivo SPA, pero sin Gaby parecía que esos paisajes, esos lugares perdían interés y sentido para mí. Por fin llegué a mi lugar favorito llamado Fashion Island, y ya con un poco de hambre fui a comer unos tacos buenísimos, pero que no pude compartir con Gaby, hasta que, sentado en ese lugar, con una vista espectacular que domina todo el Pacífico, me di cuenta de algo: que no existe un «día especial» para mí si no cuento con «el ingrediente especial»: mi esposa Gaby.

La vida en general y el servicio cristiano en particular son así, no son tan complicados ni requieren de cosas tan sofisticadas si cuentas con «el ingrediente especial». ¿Cuál es? ¿Será tan simple que lo perdimos alguna vez de vista? Acompáñame a descubrir lo que el experimentado apóstol le recomienda a su joven aprendiz.

¿QUÉ ES LA VERDAD?

Cuando Poncio Pilato le hace la famosa pregunta a Cristo: «¿Eres tú el rey de los judíos?», Jesús le respondió: «Eres tú quien dice que soy rey. Yo para esto nací, y para esto vine al mundo: para dar testimonio de la verdad. Todo el que está de parte de la verdad escucha mi voz». Entonces Pilato le dice:

«¿Y qué es la verdad?» (Juan 18.33-38, NVI). A Pilato no le resplandeció la verdad. La verdad no es un concepto y Cristo la definió en Juan 14.6: «Yo soy el camino, la verdad y la vida —le contestó Jesús—. Nadie llega al Padre sino por mí» (NVI). Es decir, que no es un concepto, es un estilo de vida; pero es una vida que el mismo Dios del universo que levantó a Cristo de entre los muertos produce dentro de nosotros, ya que la Biblia dice que él mora en nuestras corazones, y es ese Espíritu de Cristo, ese espíritu de adopción que nos hace clamar: ¡Abba Padre! (Romanos 8.15), el que manifiesta la verdad, el que vive la verdad y se cumple lo que creemos como estilo de vida, es la vida de Cristo que vive en mí, y no la vivo en mis fuerzas sino en la fe del Hijo de Dios. Si la Palabra es el neuma de Dios y si Dios es Espíritu, entonces la Palabra es Dios, y ha sido encargada y encarnada. Jeremías 31.33 apunta: «Éste es el pacto que después de aquel tiempo haré con el pueblo de Israel —afirma el Señor—: Pondré mi ley en su mente, y la escribiré en su corazón. Yo seré su Dios, y ellos serán mi pueblo» (NVI). Ya no es un logro de mi carne o una capacidad, sino el Espíritu Santo dándome poder, el mismo que levantó a Cristo de entre los muertos.

VIVIR LA VERDAD

6.1-2 Todos los que están bajo el yugo de esclavitud, tengan a sus amos por dignos de todo

honor, para que no sea blasfemado el nombre de Dios y la doctrina. Y los que tienen amos creyentes, no los tengan en menos por ser hermanos, sino sírvanles mejor, por cuanto son creyentes y amados los que se benefician de su buen servicio. Esto enseña y exhorta.

Como discípulos y aprendices debemos vivir la verdad. En el tiempo de Pablo y en el de Jesús, en el Imperio Romano, aproximadamente entre un tercio y la mitad de todos los habitantes eran esclavos; esclavos por nacimiento, porque sus padres los vendían o porque eran secuestrados y vendidos. También cuando alguien quedaba en bancarrota se convertía en esclavo. Los esclavos eran forzados a muchos trabajos fuertes. Pablo revierte la situación levantando los valores del reino de Dios en la iglesia de Jesucristo. Estos versículos tienen una aplicación directa, aunque ya que no hay esclavos hoy en día, sí hay personas que viven en esclavitud, esto aplica para todos los que tenemos un trabajo; tengamos a nuestros jefes con respeto para que no se hable mal de Dios.

A veces entre nosotros mismos nos hacemos mala fama porque creemos que todo es amor, pero hay responsabilidades que cumplir y debemos hacer mejor porque es a Cristo a quien servimos. Cuando estemos delante de Dios, él no nos va a hacer un examen de teología, sino de las cosas que tú sabías y que conocías. Es importante darle buenas cuentas al Señor de lo que sabemos, viviendo la verdad.

CUIDAR LA VERDAD

6.3-5 Si alguno enseña otra cosa, y no se conforma a las sanas palabras de nuestro Señor Jesucristo, y a la doctrina que es conforme a la piedad, está envanecido, nada sabe, y delira acerca de cuestiones y contiendas de palabras, de las cuales nacen envidias, pleitos, blasfemias, malas sospechas, disputas necias de hombres corruptos de entendimiento y privados de la verdad, que toman la piedad como fuente de ganancia; apártate de los tales.

Como discípulos y aprendices debemos cuidar la verdad. ¿A qué se está refiriendo Pablo? Si crees que las cosas espirituales no tienen nada que ver con tu manera de vivir, si alguien trata de desviar tu mente, de desviarte de Jesucristo y enfocarte en alguna virtud que pueda tener cierta reputación, pero ningún poder, está envanecido, o como aparece en otras versiones de la Biblia, es un obstinado que nada entiende. Esa persona padece del afán enfermizo de provocar contiendas que generan envidias, pleitos, blasfemias, malas sospechas. Este texto nos dice que no puedes separar al maestro de su vida, por eso Jesucristo afirma: «Aprended de mí que soy manso y humilde de corazón» (Mateo

11.29); no puedes separar la enseñanza de la persona de su carácter, y un falso maestro que empieza a endulzar tu oído con cosas espirituales para quitar tu atención de Jesús y ponerla en otra cosa, en primer lugar es una persona envanecida, orgullosa, soberbia y altiva. No es doctrina, es carácter, y recuerda cómo es el carácter de Jesús, que ya vimos en el capítulo 3. A un aprendiz de Jesucristo le arde el corazón, no la mente, y esto lo refleja en su manera de ser: humilde de corazón y ejemplo para los demás.

Toman la piedad como una fuente de ganancia. ¿Y qué significa esto? Cuando la gracia de Dios no me basta. Dios le dice a Pablo: «Bástate mi gracia, porque mi poder se perfecciona en la debilidad» (2 Corintios 12.9). Pero cuando a una persona la gracia de Dios no le basta reduce al Dios del universo a una bola de cristal o a una estatua de madera. ¿Qué es una fuente de ganancia? Este cristianismo que te promete una completa sanidad ahorita. Sin embargo, le dice Pablo a Timoteo que tome vino para su enfermedad, sabemos que Cristo se llevó todas nuestras enfermedades, pero hoy nuestro cuerpo está sujeto a corrupción y a muerte; todavía no seremos transformados.

Cuando la gracia de Dios no basta, caemos en la adoración al dinero. La abundancia material que no es signo de espiritualidad, como la pobreza no es símbolo de carnalidad. La Biblia enseña que la prosperidad de una persona avara es su propia destrucción. Pablo dice: «Sé vivir humildemente, y sé tener en abundancia» (Filipenses 4.12) La vida está llena de contrastes y tenemos que aprender a someter nuestra vida a la sabiduría de Dios, y no reducir la deįdad de Dios a un medio. Cristo es la meta y el fįn de nuestras vidas, no es el medio. Cualquiera que sea tu situación eres más que vencedor por medio de aquel que te amó (Romanos 8.37). Entonces, sigamos la sana doctrina del verdadero evangelio.

DISFRUTAR LA VERDAD

6.6-8 Pero gran ganancia es la piedad acompañada de contentamiento; porque nada hemos traído a este mundo, y sin duda nada podremos sacar. Así que, teniendo sustento y abrigo, estemos contentos con esto.

En estos versículos, Pablo insiste en que lo realmente valioso es la piedad, la piedad acompañada de contentamiento, o sea disfrutar la verdad. Gran ganancia es la misma piedad acompañada de contentamiento: no es que el cristianismo sea una fuente de ganancia, sino que la ganancia está en Jesús; él es el profeta prometido, el Rey de reyes y Señor de señores. ¿Saben lo que es contentamiento? Suficiente en sí mismo. Cuando tú conoces a Jesús, esto es suficiente para tu vida, ninguna de las cosas que este mundo te ofrece son necesarias.

Salomón, con todo su esplendor y gloria dijo: «lo incompleto no puede contarse» (Eclesiastés 1.15); él tenía todo lo material, pero no estaba satisfecho. Y Pablo aun decía: «pobres en apariencia, pero enriqueciendo a muchos» (2 Corintios 6.10, NVI).

Nada hemos traído a este mundo y entonces, si no nos podemos llevar nada de este mundo, ¿en qué consiste la riqueza de un hombre? La riqueza de un ser humano es la que puede conseguir sin su dinero: el amor de un hijo, el respeto, la honra, la vida, eso no lo puedes comprar; y las riquezas, con el don de disfrutarlas, están en manos de Dios, solo él te las puede dar. Tenemos que aprender a estar satisfechos si podemos disfrutar de lo fundamental. Tenemos que darle gracias a Dios porque podemos disfrutar de todo lo que tenemos.

6.9-10 Porque los que quieren enriquecerse caen en tentación y lazo, y en muchas codicias necias y dañosas, que hunden a los hombres en destrucción y perdición; porque raíz de todos los males es el amor al dinero, el cual codiciando algunos, se extraviaron de la fe, y fueron traspasados de muchos dolores.

Cuando quieres enriquecerte entras en esclavitud, y cuántos, por apresurar su economía sin la aprobación de Dios, caen en tentación, empiezan a sacrificar lo más por lo menos, y ya después no pueden encontrar su llenura en Dios.

La avaricia o el amor al dinero, la codicia, puede convertirse en un gran incentivo para el pecado, y esto nos puede causar muchísimos problemas. Por eso nunca olvides que si tu necesidad es trabajo, pan, Cristo es el pan de vida que descendió del cielo y da a todos (Juan 6.35); si tu necesidad es dirección, Cristo es el camino, la verdad y la vida (Juan 14.6).

SEGUIR LA VERDAD

6.11 Mas tú, oh hombre de Dios, huye de estas cosas, y sigue la justicia, la piedad, la fe, el amor, la paciencia, la mansedumbre.

Y por último hay que seguir la verdad. Por eso es que Pablo le advierte a Timoteo que huya de esas terribles tentaciones, que su alma no encuentre saciedad en las cosas temporales. En Salmos 63 leemos: «Mi alma tiene sed de ti, mi carne te anhela». Hombre de Dios, huye cuando veas que tu carro ya no te guste o lo quieras cambiar, ve a tu casa o a tu oficina, agarra una hoja en blanco y escribe: «Justicia«, y se la pones al carro. Cuando vayas a algún lugar en este mundo que no te satisfaga recuerda que tus ojos no pueden estar en las cosas temporales sino en las cosas eternas; que tú debes perseguir el agradar a Dios, y seguir todo esto que Pablo menciona: la justicia, la piedad y tener amistad con Dios; la fe, el confiar en Dios; el amor, el responder a Dios; la paciencia, el esperar en Dios; la mansedumbre, el ordenar tu vida bajo la mano poderosa de Dios y esperar que él te exalte para su honra y honor.

PON TUS OJOS EN LA ETERNIDAD

6.12 Pelea la buena batalla de la fe, echa mano de la vida eterna, a la cual asimismo fuiste llamado, habiendo hecho la buena profesión delante de muchos testigos.

Seguramente sabes quién fue José. Ese joven consentido por su padre que era llamado el soñador. José una vez tuvo un sueño que contó a sus hermanos: «He aquí que atábamos manojos en medio del campo, y he aquí que mi manojo se levantaba y estaba derecho, y que vuestros manojos estaban alrededor y se inclinaban al mío» (Génesis 37.7), entonces sus hermanos lo odiaron. Después tuvo otro que también contó a su papá: «He aquí que he soñado otro sueño, y he aquí que el sol y la luna y once estrellas se inclinaban a mí» (Génesis 37.9). Sus hermanos lo odiaron aun más y aunque quisieron matarlo en un inicio, terminaron vendiéndolo para no poner sus manos sobre él. José fue llevado a Egipto y allí lo compró un hombre llamado Potifar, que era un oficial del faraón. Potifar vio algo en José; vio que Dios estaba con él, y esto era evidente ante todos. Y Potifar le dio todos sus bienes y posesiones para que él los administrara, y confiaba en José, pero la mujer de Potifar le acosaba sexualmente, y ¿saben lo que hizo José? Pues se negó. No quiso pecar contra su amo, pero sobre todo no quiso pecar contra su Dios, y ese sí es un sueño que vale la pena vivir. Pero el sueño de José, un personaje sin igual y muy parecido a nuestro Señor Jesucristo, un día se cumplió porque supo asegurar su condición presente para garantizar un bienestar futuro, porque sabía que un día iba a dar cuentas. Esto es lo que Pablo le dice a Timoteo; pon tus ojos en la eternidad, incluso cuando el hacerlo implique una lucha, como la que llevó a cabo José; Cristo te ha llamado a vivir una vida que vale la pena vivir no solo aquí, sino en la eternidad.

6.13-14 Te mando delante de Dios, que da vida a todas las cosas, y de Jesucristo, que dio testimonio de la buena profesión delante de Poncio Pilato, que guardes el mandamiento sin mácula ni represión, hasta la aparición de nuestro Señor Jesucristo.

Pablo le reitera a Timoteo que debe perseverar en su promesa hasta que Cristo venga, así como Jesucristo se mantuvo firme delante de Poncio Pilato: .«¿A mí no me hablas? ¿No sabes que tengo autoridad para crucificarte, y que tengo autoridad para soltarte? Respondió Jesús: Ninguna autoridad tendrías contra mí, si no te fuese dada de arriba; por tanto, el que a ti me ha entregado, mayor pecado tiene» (Juan 19.10-11). ¿Qué significa eso? Que Jesús peleó la buena batalla y, como José, también engrandeció a Dios. Jesucristo sufrió el menosprecio. También aquellos que hagamos la voluntad de Dios recibiremos críticas y burlas, pero eso no importa si damos un buen testimonio de la Palabra de Dios, si el evangelio en el que hemos creído nos ha transformado y cuidamos lo que se nos ha encargado hasta la venida del Señor. El que camina con Jesucristo lo hace con dos principios: primero, asegurar un mejor futuro, y segundo, saber que un día tendremos que dar cuentas a Dios de todo lo que hagamos.

6.15-16 La cual a su tiempo mostrará el bienaventurado y solo Soberano, Rey de reyes, y Señor de señores, el único que tiene inmortalidad, que habita en luz inaccesible; a quien ninguno de los hombres ha visto ni puede ver, al cual sea la honra y el imperio sempiterno. Amén.

Dios no es aburrido y está gozoso de amarte y de perdonarte. Las religiones son aburridas, pero Cristo es feliz y dichoso. Es Rey de reyes y Señor de señores. O sea, lo que dice Timoteo es que somos la familia de Dios, pero no se trata de nosotros, aun cuando el Señor nos ama; se trata de Dios, a él le pertenece el honor, la gloria y el imperio.

6.17-19 A los ricos de este siglo manda que no sean altivos, ni pongan la esperanza en las riquezas, las cuales son inciertas, sino en el Dios vivo, que nos da todas las cosas en abundancia para que las disfrutemos. Que hagan bien, que sean ricos en buenas obras, dadivosos, generosos; atesorando para sí buen fundamento para lo por venir, que echen mano de la vida eterna.

En estos versículos Pablo se refiere a los ricos. Estos no deben poner la esperanza en las riquezas porque estas son inciertas; sino vivir el hoy a la luz del mañana, con los valores eternos para que puedan disfrutar lo que Dios da. Para que las posesiones materiales no se conviertan en nuestro dios, es necesario dar con generosidad, ser dadivosos. Seamos más conocidos por lo que damos y cómo lo damos, que por lo que tenemos, lo que compramos, lo que manejamos o dónde vivimos. Cualquier otra cosa no tiene ningún valor. Disfrutemos hoy de la amistad eterna a la que Dios nos ha llamado en Cristo Jesús, y como José, aprendamos a vivir para la gloria de Dios.

6.20-21 Oh Timoteo, guarda lo que se te ha encomendado, evitando las profanas pláticas sobre cosas vanas, y los argumentos de la falsamente llamada ciencia, la cual profesando algunos, se desviaron de la fe. La gracia sea contigo. Amén.

¿Cuáles son las cosas vanas? Los argumentos de la falsa ciencia. En el tiempo de Pablo era muy común el gnosticismo, que es una mezcla de cristianismo con un poquito de legalismo judío y otro poquito de misticismo oriental, y que muchos cristianos actuales abrazan. Pero en realidad el cristianismo se trata de Jesús, de una persona que te ama y quiere revelarse a tu vida, que tiene el poder para transformarte; las religiones por preciosas y místicas que parezcan, no tienen el poder para cambiar un corazón egoísta, orgulloso, autosuficiente. Una vez más, Pablo es muy directo. Por eso Timoteo, no pierdas tiempo en discutir sobre doctrinas pseudo-cristianas, una doctrina que no se vive es una doctrina que no vale la pena ni hablarla. Y el evangelio se hizo para que te golpee y te enfoque en Dios. Si crees que Jesucristo es el Señor, si confiesas que él es el Señor y crees en tu corazón que Dios lo levantó de los muertos serás salvo; no es tan complicado, no es tan difícil, es solo rendir tu vida en arrepentimiento y en fe a Jesús.

PADRE CELESTIAL...

Te damos gracias porque en tu misericordia sin fin, moras en nuestros corazones, porque tú eres el camino, la verdad y la vida (Juan 14.6), por esa vida que produces dentro de nosotros.

Ayúdanos a vivir la verdad, a cuidarla, disfrutarla y seguirla. Líbranos de la adoración al dinero o a cualquier otra cosa que nos desvíe de ti, y permite que tu gracia nos baste. Ayúdanos a seguir la justicia, la piedad, la fe, el amor, la constancia y la humildad, con los ojos puestos en las cosas eternas, no en las temporales, sabiendo que Cristo es la meta y que la verdadera ganancia está en Jesús.

En el nombre de tu Hijo amado. Amén.

PREGUNTAS PARA LA REFLEXIÓN

1. ¿De qué manera puedes honrar o servir mejor a aquellos que se benefician de tu buen trabajo? (hablamos específicamente del área laboral).
2. ¿Estás contento con lo que tienes? ¿Por qué?
3. ¿Has sido tentado últimamente a amar el dinero?
4. ¿Tienes algún Timoteo a quien estés animando a pelear la buena batalla? ¿Quién juega el papel de entrenador o discipulador en tu vida?
5. ¿Qué calificación crees que Cristo te daría si hoy midiera tu obediencia a los versos 18 y 19? ¿Qué puedes hacer para mejorar tu calificación?
6. ¿Qué doctrina errónea te preocupa más actualmente y qué estás dispuesto a hacer al respecto?

2 TIMOTEO

UN BUEN LÍDER

Existen muchísimos mitos alrededor del tema del liderazgo; uno de ellos, muy famoso por cierto, es aquel que dice que «el líder nace». No hay una respuesta escueta ni sencilla para resolver este mito. Lo cierto es que si bien el factor genético es importante, existen algunos otros factores iguales o quizás hasta más importantes e incluso determinantes que «hacen» o forman al buen líder, al líder cristiano, discípulo de Jesucristo. Estos factores aparecen reflejados con claridad en este interesante capítulo mientras Pablo se refiere al tema de las circunstancias, el sufrimiento y la presión a los que en muchas ocasiones es sometido y que pueden moldear el carácter y darle esa motivación que le ponga en acción. Pero, por sobre todas las cosas y circunstancias, Pablo toca el factor determinante para la «formación» de un líder cristiano y este es aquel en el que todo el mundo está de acuerdo: la instrucción. Acompáñame a disfrutar de esta carta, la última de ellas, la que Pablo envía a aquel aprendiz que él ha preparado y equipado, a quien da las últimas instrucciones a fin de ocupar el lugar de liderazgo, pero sobre todo para funcionar como aquel líder que la iglesia necesita en esos «tiempos peligrosos» (cf. 3:1).

1.1-2 Pablo, apóstol de Jesucristo por la voluntad de Dios, según la promesa de la vida que es en Cristo Jesús, a Timoteo, amado hijo: Gracia, misericordia y paz, de Dios Padre y de Jesucristo nuestro Señor.

Si comparamos esta carta con 1 Timoteo, notaremos muchas similitudes en los saludos iniciales de Pablo. Sin embargo, en esta ocasión en que está de nuevo en la cárcel de Roma, el apóstol hace referencia a la promesa de vida que está a punto de ser manifestada en él. Más adelante, en esta segunda carta a Timoteo, capítulo 4.6, afirmará: «Yo ya estoy para ser sacrificado, y el tiempo de mi partida está cercano» Es decir, Pablo tenía pleno convencimiento de que iba a morir.

En su primer encarcelamiento él decía: «Estoy puesto en estrecho, teniendo deseo de partir y estar con Cristo, lo cual es muchísimo mejor; pero quedar en la carne es más necesario por causa de vosotros» (Filipenses 1.23-24). Esto fue cinco años atrás, pero este es el momento de su partida, la convicción es más real. Para él «el vivir es Cristo, y el morir es ganancia» (Filipenses 1.21).

Aquí en esta segunda carta, Pablo le dice a Timoteo *amado hijo*, y no es que le haya engendrado físicamente, sino que lo había engendrado en Cristo. Con esta expresión, Pablo testifica de su amor por Timoteo, porque Pablo es un fiel soldado de Jesús y por eso abunda en amor. La Biblia nos dice que todas las cosas sean hechas en amor (1 Corintios 16.14) ¿por qué? Porque Dios es amor, el que ama ha conocido a Dios. La evidencia de que tengo a Cristo en mi corazón es el amor porque ese es el fruto del Espíritu.

RECONOCER

1.3-4 Doy gracias a Dios, al cual sirvo desde mis mayores con limpia conciencia, de que sin cesar me acuerdo de ti en mis oraciones noche y día; deseando verte, al acordarme de tus lágrimas, para llenarme de gozo.

Estos versos hablan de una limpia conciencia. Reconozcamos que en nuestra vida tenemos lo que se necesita para transformarla, y transformar a familias y comunidades, este ingrediente es el amor. ¿Y dónde está el amor en estos versículos? Recordemos que se habla de la limpia conciencia, en la primera carta, capítulo 1, verso 5: «El propósito de este mandamiento es el amor nacido de un corazón limpio, y de una buena conciencia, y de una fe no fingida». Por supuesto que no podemos servir al Señor con una mala conciencia que nos acusa de nuestros errores y con un corazón duro que no se quiere arrepentir y nos lleva a la ruina y la destrucción. Por eso Pablo dice que uno deber servir a Dios con un ingrediente que se llama limpia conciencia.

AVIVAR

1.5-6 Trayendo a la memoria la fe no fingida que hay en ti, la cual habitó primero en tu abuela Loida, y en tu madre Eunice, y estoy seguro que en ti también. Por lo cual te aconsejo que avives el fuego del don de Dios que está en ti por la imposición de mis manos.

¿Qué es una fe no fingida, una fe sincera? Pues todo lo contrario a una religión ritualista, repetitiva, impersonal y en la que no está el ingrediente principal que es el amor. Pablo agradece que en la familia de Timoteo existieran dos generaciones fieles a Dios, su abuela y su madre. Por lo que hemos leído, el padre de Timoteo era griego y parece que no era creyente, pero si bien la Biblia responsabiliza al hombre como la cabeza, el primero, el iniciador de la salud espiritual de su hogar, también Dios, cuando esa figura paterna no asume su responsabilidad o está ausente, provee de acuerdo a su gracia en Jesucristo, y ese fue el caso de mi madre, que fue mi papá y mamá a la vez, y ella me llevó a Jesús.

Ahora Pablo anima a su amigo e hijo en la fe a usar sus dones espirituales. Ya reconociste lo que necesitas, entonces vamos a avivarlo. La palabra avivar significa, según el *diccionario de la Real Academia Española,* hacer que arda más el fuego. Cuando la Biblia habla del don de Dios, hace referencia a aquello que él da, y hay muchos pasajes bíblicos donde se habla del Espíritu Santo que Dios nos ha dado, el Espíritu de la promesa, y con ese Espíritu Dios ha derramado su amor en nuestros corazones, por lo tanto hay que avivarlo. Si vas a ser un factor de transformación en la vida de tu familia necesitas avivar ese fuego.

1.7 Porque no nos ha dado Dios espíritu de cobardía, sino de poder, de amor y de dominio propio.

Pablo hace referencia a las lágrimas de Timoteo, cuando los separaron y se llevaron a Pablo encarcelado a punto de decapitarlo; Timoteo se puso a llorar. Este verso implica que él tenía problemas de autoestima o una confianza muy baja. En la carta anterior, en el capítulo 5. 23 Pablo le dice: «Ya no bebas agua, sino usa un poco de vino a causa de tu estómago y de tus frecuentes enfermedades». A este hombre estresado a causa de la falta de confianza, llorón y cobarde, la Biblia le llama hombre de Dios, porque el poder de Dios se perfecciona en la debilidad. «Diga el débil, fuerte soy» (Joel 3.10). Yo creo que el problema de Timoteo era que no le gustaba discutir o llevarle la contra a nadie, es como aquel hombre que vivió 125 años y le llevaron reporteros que le preguntaron: «Señor, ¿cuál es el secreto de su longevidad?» Y el hombre respondió: «A mí no me gusta llevarle la contraria a nadie, no me gusta discutir con la gente». Y así fue Timoteo, como muchos de nosotros. Pero la Biblia dice que son fieles las heridas del que ama e importunos los besos del que aborrece (Proverbios 27.6). Hay palabras que necesitan decirse en cierto momento como un acto de amor y represión, más vale represión manifiesta que amor oculto (Proverbios 27.5). Dios nos ha dado un espíritu de poder ¿para qué? Para amar, no es para conseguir aquí y ahora nuestros deleites, es para mostrar dominio propio. Entonces el espíritu que tenemos que avivar, el amor de Dios, es un espíritu de poder transformador para amar y ese espíritu nos da dominio propio.

Usar

1.8-9 Por tanto, no te avergüences de dar testimonio de nuestro Señor, ni de mí, preso suyo, sino participa de las aflicciones por el evangelio según el poder de Dios, quien nos salvó y llamó con llamamiento santo, no conforme a nuestras obras, sino según el propósito suyo y la gracia que nos fue dada en Cristo Jesús antes de los tiempos de los siglos.

No solamente reconozcas ese ingrediente, no solamente lo avives, sino ahora úsalo. Dicen por ahí que el agua estancada se echa a perder. Dice Cristo: «Bienaventurados los misericordiosos porque ellos alcanzarán más misericordia» (Mateo 5.7). ¿Qué es un testimonio? No es hablar; son evidencias de nuestra fe con nuestra vida. Imagínate si en una corte solo se habla y no se presentan evidencias. Es imposible. Así que no te avergüences de dar testimonio de Dios. Y Pablo aquí dice que tampoco se avergüenza de él, en este momento él no era prisionero de Nerón, sino de Cristo y su corazón estaba libre para adorarle y servirle. Por otra parte, ¿por qué es llamado el evangelio el poder de Dios? La respuesta la vemos en Romanos 1.16: «A la verdad, no me avergüenzo del evangelio, pues es poder de Dios para la salvación de todos los que creen: de los judíos primeramente, pero también de los gentiles» (NVI).

EL PROPÓSITO DE TU VIDA

Imagínate a Pablo en Roma, ante el avasallador e intimidante Nerón, escribiendo que el verdadero poder es el del evangelio porque tiene poder para salvarnos, para sanarte, para completarte, para hacerte una nueva persona, para cambiar el rumbo y destino eterno de tu vida. No hay poder humano que pueda hacer esto. El evangelio no tiene que ver con que yo busque a Dios, sino con que él me buscó a mí; no con que yo haya amado a Dios, sino que él me amó a mí y envío a Jesucristo, y me llamó no conforme a mis obras o mi religión, sino conforme a su propósito. Qué precioso que nadie puede contestar esta pregunta: ¿qué hago aquí y a dónde me dirijo? ¿Cuál es el propósito? Conoce a Jesucristo y vas a encontrar en él, el propósito de tu vida porque desde antes de la fundación del mundo fue que Dios te creó, te amó, te llamó, y te apartó para él mucho antes del comienzo del tiempo o de los siglos.

RETENER

1.10-12 Pero que ahora ha sido manifestada por la aparición de nuestro Salvador Jesucristo, el cual quitó la muerte y sacó a luz la vida y la inmortalidad por el evangelio, del cual yo fui constituido predicador, apóstol y maestro de los gentiles. Por lo cual asimismo padezco esto; pero no me averguenzo, porque yo sé a quién he creído, y estoy seguro que es poderoso para guardar mi depósito para aquel día.

Pablo, a punto de ser decapitado «está seguro que ni la muerte, ni la vida... ni lo presente, ni lo por venir, ni lo alto, ni lo profundo, ni ninguna otra cosa creada nos podrá separar del amor de Dios, que es en Cristo Jesús Señor nuestro» (Romanos 8.38-39), porque lo que veía era temporal, pero lo que no veía es eterno. Lo que está en nosotros pronto va a ser manifestado.

Ya reconociste la presencia de Dios en tu vida, ya lo estás avivando, ya lo estás usando y lo estás compartiendo, ahora retenlo hasta la aparición de Cristo. Pablo está sufriendo por haber estado predicando el evangelio sin temor, sin embargo no se avergüenza porque está consciente de en quién ha creído y lo que le espera en el futuro. Sabe que ha creído en este Dios maravilloso que creó los cielos y la tierra, que nos ama, que envío a su hijo Jesucristo a morir injustamente para reconciliarnos con él. ¿Qué le había dado Pablo a Dios? Su corazón, sus sueños, sus esperanzas, sus anhelos. Dios es poderoso y fiel. Él es poderoso para guardar todo lo que le has confiado para aquel día. Para Pablo iba a ser pasado mañana, para ti y para mí puede ser hoy, pero hasta ese momento él es poderoso para guardar todo.

1.13-14 Retén la forma de las sanas palabras que de mí oíste, en la fe y amor que es en Cristo Jesús. Guarda el buen depósito por el Espíritu Santo que mora en nosotros.

Timoteo debe imitar a su maestro y padre espiritual en este aspecto también: las sanas palabras, la sana doctrina, y este es un tema repetitivo en las espístolas, como para que no haya lugar para el olvido. ¿Cómo debemos retener lo que hemos aprendido? Yo particularmente lo que hago es memorizar, ya que así estoy meditando y meditando. El último verso que memoricé fue el final de la primera carta de Timoteo donde dice: «Tú, en cambio, hombre de Dios, huye de todo eso, y esmérate en seguir la justicia, la piedad, la fe, el amor, la constancia y la humildad» (NVI). Son cosas en las que me debo enfocar para huir de ese espíritu insaciable de falta de contentamiento. Al memorizar descubro que su Palabra empieza a transformar mi alma y mi manera de pensar, me dejo de conformar a este mundo, y comienzo a ser transformado por la renovación de mi mente y entendimiento. Esa es un forma de retener las sanas palabras. Entonces soy confrontado y entiendo que debo seguir la justicia, la piedad y no solamente decidir lo que es correcto, sino vivir una vida que agrade a Dios.

Cuando escuchas una palabra de él, eres llamado a guardarla en la fe y en el amor. Pero ¿qué es la fe? Que pongas tu confianza en él, que creas lo que lees y lo pongas en acción, y la mejor manera de aprender es en la práctica. De manera que retén esta forma de la sana doctrina en obediencia y amor para agradar a Dios, guárdala y cuídala como lo que es: un tesoro; esa es la única manera de mantener la lámpara encendida. Tienes que buscar a Dios, lee su Palabra y que te muestre lo que te quiere decir, ponte a cuentas con Dios para que te transforme en una persona diferente.

1.15-18 Ya sabes esto, que me abandonaron todos los que están en Asia, de los cuales son Figelo y Hermógenes. Tenga el Señor misericordia de la casa de Onesíforo, porque muchas veces me confortó, y no se avergonzó de mis cadenas, sino que cuando estuvo en Roma, me buscó solícitamente y me halló. Concédale el Señor que halle misericordia cerca del Señor en aquel día. Y cuánto nos ayudó en Éfeso, tú lo sabes mejor.

En estos versículos, el autor establece una comparación entre aquellos que lo abandonaron y los de la casa de Onesíforo, quienes le fueron fieles y lo apoyaron. Hay dos tipos de personas: aquellos que no confían, que no guardan la sana palabra, que abandonan, que no establecieron una relación personal con Jesús y pensaron que la verdad era un concepto; y aquellos que como Onesíforo desprenden amor en sus vidas, esa manifestación maravillosa del poder de Dios, un poder para amar con dominio propio, listo para sufrir cualquier adversidad por el ser amado, que es Dios.

Leemos en Juan 12.26: «Quien quiera servirme, debe seguirme; y donde yo esté, allí también estará mi siervo. A quien me sirva, mi Padre lo honrará» (NVI). Como Onesíforo, fortalecido con el poder para amar por el Espíritu Santo; como Pablo y como Timoteo, avivemos el fuego mientras desarrollamos nuestra relación personal con Cristo, reteniendo su Palabra en fe, obediencia y amor. Si servimos, seguimos y adoramos a Jesús demostramos el poder transformador de Dios en nuestros corazones, y tenemos la promesa que donde Cristo esté también estaremos nosotros.

PADRE CELESTIAL...

Señor, a fin de que podamos actuar como los líderes que la iglesia necesita en estos tiempos «tan peligrosos» permite que nuestra devoción a ti aumente cada día más, y podamos estar llenos de amor y dominio propio. Que podamos reconocer tu presencia y amor en nuestras vidas para transformar familias y comunidades, que podamos avivarla, compartirla, usarla y retenerla en obediencia y amor, porque sabemos que esa es la única manera de mantener la lámpara encendida.

Gracias, Padre, por rescatarnos. Por tu amor y tus enseñanzas, y porque cada día aprendemos en tu Palabra cómo ser mejores aprendices que puedan ayudar a otros a otros a transformar sus vidas.

Oramos en el nombre de nuestro Señor y Salvador Jesucristo. Amén.

PREGUNTAS PARA LA REFLEXIÓN

1. ¿Tienes algún «Timoteo» del que cuidas espiritualmente? ¿Tienes algún «Pablo» que cuida de ti?
2. ¿De qué manera el poder de Dios está obrando hoy en tu vida? ¿En amor y en dominio propio?
3. Cuando tienes que dar testimonio de Cristo a alguien, ¿sientes que necesitas más amor o dominio propio?
4. ¿Qué buen ejemplo puedes seguir hoy de aquellos que te dieron a conocer el evangelio y te han ayudado en tu conocimiento de Cristo?

INSTRUMENTOS ÚTILES AL SEÑOR

Ayer por la noche, mi amigo Marlon junto con su esposa Mónica y su pequeña Andrea pasaron rápido por la casa para ayudarme a destapar el triturador de basura de la cocina, y aunque solo requería el uso de una llave especial colocada en la base del triturador y darle a esta un par de vueltas con la llave, yo no tenía ni idea de que un tipo de arreglo tan sencillo era lo que le devolvería al triturador su funcionamiento, a mi esposita la felicidad y a nuestro matrimonio la armonía otra vez.

Marlon, como muchos hombres, ha tenido el gusto, el entrenamiento y la oportunidad de desarrollar este y otros dones, dicen, correspondientes al sexo masculino. En mi caso fue muy diferente, porque desde los siete años de edad, cuando mi papá se fue de casa a formar otro hogar, no recibí de parte de él ni de ningún otro varón la instrucción y el ejemplo para aprender a arreglar todo lo relacionado con electricidad, pintura, carpintería, etc., por lo que aunque hubo y sigue habiendo muchas oportunidades para ocupar esos valiosísimos

dones nunca tuve el gusto ni el interés de desarro-
llarlos, y al pasar de los años, claro que eso me ha
costado mucho dinero.

Pero el asunto no acaba aquí, ahora que tres de
mis hijos son adolescentes y dos mayores de edad,
observo algo similar, nunca dediqué el tiempo (por
ser un completo ignorante al respecto) para enseñarles a pintar, construir o arreglar algo relacionado con la casa, y debo confesar que eso me trajo
un conflicto interno tan importante, que en mis
tiempos de caminata con mi esposita Gaby nece-
sité decírselo porque me sentía muy mal por mi
inhabilidad de entrenarlos en ese importante y «vi-
ril» aspecto de la vida. Entonces mi esposa me contestó: «Tú eres músico y has entrenado a cada uno
de ellos para explorar su capacidad e interés por la
música, y los has entrenado a tal grado que todos
han desarrollado y cultivado de un modo u otro
ese talento; aun Israel (el mayor) se ha desarrollado
tanto en ese aspecto que está pagando sus estudios
ejerciendo ese bello oficio, el cual Dios usó tantos
años para darnos de comer. Pero lo más importante es que los has preparado para el futuro y para la
eternidad, ya que con sus errores y aciertos propios
de su edad, todos son temerosos de Dios y le sirven
de manera que son el equipo más importante de
ministerio que tenemos en esta nueva aventura de
fe que estamos viviendo al plantar Semilla Eastside en el sur de California». Estas palabras no solo
fueron confortantes, sino liberadoras.

Algo similar es lo que en este capítulo Pablo está a punto de abordar con este líder sobre quien deja una tremenda responsabilidad, pero, ¿dónde comienza y dónde termina dicha responsabilidad? Acompáñame a descubrirlo...

QUE DIGA EL DÉBIL FUERTE SOY

2.1 Tú, pues, hijo mío, esfuérzate en la gracia que es en Cristo Jesús.

Cuando uno de mis hijos llora, esto me resulta molesto y hasta llega a ser inaceptable, pero en la Biblia vemos algo completamente diferente. Me encanta que cada vez que leo la Palabra de Dios, el Espíritu Santo le revela a mi corazón el carácter de Jesús, que es tan diferente.

En la Biblia aparece un contraste que me llama la atención, uno al que algunos pueden llamarle contradicción o paradoja. Timoteo podría considerarse un llorón; vimos en el capítulo anterior que Pablo le dice: Deseo verte, al acordarme de tus lágrimas. También le manifiesta que no tenga un espíritu de cobardía, y además le dice veinticinco veces en las dos cartas, que se esfuerce. Y parece que ese carácter es inaceptable, no es popular, pero lo que me llama la atención es que en el capítulo 6 de la primera carta se le califica como un hombre de Dios. Y yo estoy acostumbrado a ver hombres de Dios como Daniel, en el foso de los leones, sin rendirse a las amenazas del rey; o a Moisés con su fe, golpeando el mar para que el Señor libertara al pueblo y llevándolo cuarenta años por el desierto; esa es la fiereza, el carácter, pero Timoteo era todo lo contrario.

Entonces ¿cuál es la clave para que Timoteo calificara en la descripción de un hombre de Dios? La clave está en este verso 1.

Esfuérzate, lucha, no te rindas, disciplínate; pero parece que la contradicción y el misterio del reino de Dios están en este verso. He estado realizando varias lecturas acerca de liderazgo, y en todas se dice que debes invertir en las cosas en las que eres bueno; y en las que eres malo, por más que te esfuerces vas a ser un mediocre. Estos temas nos llevan a enfocarnos en nuestras fortalezas, pero me encanta que el Señor no solo mejora nuestros conceptos, sino que les da una vuelta de 180 grados para decirnos que Dios escogió lo necio y lo débil del mundo para avergonzar a los fuertes y a los sabios. ¿Dónde están los sabios?, todos confundidos diciendo que no hay Dios. Pero el misterio del reino de los cielos es esta contradicción, esta paradoja: que te esfuerces en la gracia que tenemos en Cristo Jesús.

Sabemos que la gracia es un favor que no merecemos y que jamás podremos alcanzar por nosotros. Entonces es una contradicción, ¿de qué manera puedo luchar y perseverar en algo que no podré merecer y jamás podré ganar en mi mente y según mis fuerzas? Ahora cuando me refiero a misterio me refiero a la definición bíblica de este término, que es algo que estaba escondido y que nos es revelado por el Espíritu Santo, no es algo místico o reservado para gente muy brillante. Es lo que Jesús dijo: «Te alabo, Padre, Señor del cielo y de la tierra, porque escondiste estas cosas de los sabios y de los entendidos, y las revelaste a los niños» (en otras versiones de la Biblia leemos, los débiles). Por otra parte, en Marcos 10.13-15 (NVI) dice: «Empezaron a llevarle niños a Jesús para que los tocara, pero los discípulos reprendían a quienes los llevaban. Cuando Jesús se dio cuenta, se indignó y les dijo: "Dejen que los niños vengan a mí, y no se lo impidan, porque el reino de Dios es de quienes son como ellos. Les aseguro que el que no reciba el reino de Dios como un niño, de ninguna manera entrará en él"».

Esfuérzate en la gracia, esto es como dejar de luchar para conseguir, dejar de pensar que me corresponde, dejar de pensar que he hecho suficiente, dejar de pensar que Dios me debe; porque a veces tratamos de poner a Dios en un banco de deudor y la Biblia dice que él no es deudor de nadie. Si nos esforzamos en vivir una vida de fe, de buenas obras, pensando que Dios tiene que bendecirnos, estamos muy equivocados. Eso no es así. La Palabra dice que todas las obras juntas son como trapo sucio delante de Dios, que insultan la gracia de Dios (Isaías 64.6). La Biblia dice que él da gracia a los humildes, Dios reprende a los soberbios y le dice a este débil de carácter, llorón, que hay una manera en que te puedes esforzar, recibiendo, buscando a Dios, dependiendo de él, por lo que en tu debilidad el poder de Dios se perfecciona, que diga el débil fuerte soy (2 Corintios 12.9-10).

Y esto nos cuesta trabajo. Mi hermano era el hijo consentido de mi padre, yo nunca hice lo suficiente como para que mi papá me diera su atención y siempre viví con esa inseguridad de hacer algo para salir adelante y entonces merecer y obtener la atención de mi padre. Todavía, muchas veces siento que tengo que ganarme el aprecio de la gente, y eso es algo equivocado porque la Biblia dice que me debo esforzar no en ganar y merecer, sino en recibir y humillarme ante Dios. Cuando me casé con mi esposa estábamos en una época económica muy buena, trabajando en el mundo de la música, y Dios nos llamó a servirle, entonces dejamos todo sin tener un ministerio que nos prometiera darnos de comer, sin embargo dimos un paso de fe, duro pero sentíamos ese llamado intenso de Dios. Recuerdo que la primera ofrenda que recibí me quemaba la mano y pensaba: «Es que desde los catorce años, yo me gano el pan», porque cuando uno está en la posición de dar, tiene más el poder, pero cuando uno tiene que recibir tiene que reconocer que lo necesita y eso es humillante si no está en el Señor y se le va formando el callito celestial.

GARANTIZA EL RELEVO

2.2 Lo que has oído de mí ante muchos testigos, esto encarga a hombres fieles que sean idóneos para enseñar también a otros.

En este versículo, al igual que el resto de la carta, Pablo exhorta a Timoteo a seguir un proceder. En esta ocasión exhorta a su joven discípulo a que siga los pasos del maestro. Como muchos autores plantean, le pasa la antorcha de su ministerio a Timoteo, es decir, le encarga que siga formando a otros líderes que puedan mantener activa la enseñanza y garanticen el relevo del liderazgo. El papel de todo líder es entrenar a otros líderes. Este es un principio precioso de multiplicación; yo le atribuyo a este principio el que nuestra congregación en Casa de Luz esté creciendo, no solo numéricamente, sino en transformación, y se puede ver que esta es una multiplicación celular y orgánica. ¿En qué lugar de la cadena estás? ¿Eres Pablo y estás entrenando a alguien o tú eres ese alguien que estás siendo entrenado con miras a entrenar a otros?

CONCENTRADOS EN LA LUCHA

2.3-4 Tú, pues, sufre penalidades como buen soldado de Jesucristo. Ninguno que milita se enreda en los negocios de la vida, a fin de agradar a aquel que lo tomó por soldado.

Son interesantes estos versículos, y también el 5 y el 6, porque el autor hace una comparación entre los que tienen la responsabilidad de liderar o de servir, y el soldado, el atleta y el labrador, en el sentido en que no deben desviarse de sus funciones ni enredarse en negocios de la vida que los alejen de sus tareas. Una vez que experimentamos la gracia inmerecida de Dios, estamos llamados a reflejarla y a vivirla. Debemos sufrir como buen soldado de Cristo, y qué soldado le da órdenes a su general, al contrario debe acatar lo que diga, concentrarse en su objetivo, y separarse incluso de su familia, lo que significa un gran sufrimiento. Nosotros, que hemos sido reclutados por la gracia de Dios al ejército de Jesucristo, somos llamados a obedecer y a no enredarnos en cuestiones civiles. Lo primero habla de cuando conoces la gracia de Dios, esta te capacita para vivir el más grande mandamiento: «Amarás al Señor tu Dios con todo tu corazón, y con toda tu alma, y con toda tu mente» (Mateo 22.37). Cuando recibes la gracia de Dios reconoces que es inmerecida, que no has hecho nada para conseguirla, que no puedes hacer nada para ganarla y que te ha transformado, entonces pones a Dios en primer lugar y no te enredas en cosas de esta vida, a fin de darle siempre ese lugar ¿por qué? Porque lo quieres agradar. Me gusta pensar en mi relación con Dios como la que tengo con mi esposa; he recibido muchas bendiciones, amor, cariño, y yo entiendo que todo ese cariño y amor no es porque tiene que hacerlo, sino porque quiere hacerlo, y esa es la gran diferencia entre la religión y una relación personal con Dios. Pero cuando tú amas a Dios, la fe obra por la motivación correcta que es el amor y entonces no te enredas, sino que quieres agradar a aquel que ha dado todo por ti, que te ha recibido, que te ha amado sin tú merecerlo.

Esta historia es bien ilustrativa. Un mendigo está en el camino a merced de la gente y pasa un rey. El mendigo escucha que viene un carruaje, y como es ciego, no sabe quién es. El rey se baja, se quita su mejor anillo y lo pone en la mano del mendigo, este dice: Rey, este es tu anillo, yo solo te pedí tres monedas, y el rey le responde: Efectivamente tú me pediste como un mendigo, pero yo te he dado como un rey. La gracia no hace énfasis en el que la recibe, hace énfasis en el que la da. Es como el agua que desciende hasta las partes más bajas, más secas y sucias. Cristo Jesús vino al mundo a salvar a los pecadores. Una persona sana no tiene necesidad de médico sino el enfermo, y eso es lo que la Biblia nos enseña.

2.5-6 Y también el que lucha como atleta, no es coronado si no lucha legítimamente. El labrador, para participar de los frutos, debe trabajar primero.

Una vez que experimentas la gracia de Dios estás llamado a vivirla ¿cómo? En gratitud, para agradar a aquel que te la otorgó. Después tienes que reflejarla. En la mente de aquellas personas que vivían en el Imperio Romano y en la cultura griega, estaba muy arraigado el deporte, y siempre Pablo hacía esta asociación de ideas: Tú tienes que luchar del lado de la gracia como un atleta, según las reglas. ¿Y cuáles son las reglas? Que si tú has recibido la gracia de Dios, estás obligado a transmitirla. La Biblia dice que no debas a nadie nada sino el amarse los unos a los otros (Romanos 13.8). Tienes el privilegio de vivir en esta área, nuestras armas no son carnales, porque cuando vives en la carne estás esforzándote para ganar y para merecer, están las amenazas, la manipulación, el convencimiento, el don de lengua, pero cuando estás del lado de la gracia hay otras armas como orar, cerrar la boca, pedir perdón, humillarte. En el lado de la gracia ya no te enfocas en ti, te enfocas en quien te otorgó esa gracia y ves a todos los demás como candidatos para la gracia de Dios. Asimismo, no solo debemos agradar a aquel que nos reclutó, expresar la gracia a aquel que la necesita, sino esperar el fruto de la gracia en la vida de otros. Esto nos habla de paciencia, que así como Dios la ha tenido con nosotros, la tengamos con los demás.

2.7 Considera lo que digo, y el Señor te dé entendimiento en todo.

Este tema de la gracia de Dios está en toda la Biblia porque toda ella habla de Jesús y de su obra en la cruz del Calvario, y no es otra cosa sino expresión de la justicia, la santidad, la gracia y el amor de Dios. También pienso que es un tema que vamos a estar hablando toda la eternidad. Según mi modo de ver, el tema de la gracia es el más profundo.

Hace algún tiempo, me encontré con un hombre que trabaja como director de cámaras en Televisa y me comentó cómo estaba su vida, había perdido todo: su esposa, sus hijos, y estaba viviendo en una casa lejos de su trabajo, cerca de Puebla, donde estaban ocurriendo inundaciones. Había llamado a su familia para que le ayudaran, pero esta no lo tuvo en cuenta y se quedó solo en el mundo. Sin embargo, posteriormente lo habían puesto como director de un equipo de producción y a hacer un programa que será de beneficio para muchas familias, entonces fue que me preguntó: ¿por qué a mí? No hay respuesta para esa pregunta porque en nosotros no existe algún motivo para que Dios nos ame o nos bendiga; Dios en su naturaleza es amor y él ya nos ama y nos ha bendecido con toda bendición espiritual. Esto ya es un hecho y mi amigo creyó en este hecho y recibió a Cristo.

Te sugiero que leas Salmos 103, Marcos 10, Juan 3.16, la carta de Tito, quizá en la primera lectura no los entiendas, pero pídele entendimiento a Dios, que revele su gracia, y esta es una promesa preciosa, como la que está en el Salmos 1: «Dichoso el hombre que no sigue el consejo de los malvados, ni se detiene en la senda de los pecadores, ni cultiva la amistad de los blasfemos, sino que en la ley del Señor se deleita, y día y noche medita en ella» (NVI).En lugar de darle vuelta a los insultos, a las ofensas, dale vuelta a la gracia, a lo que Dios ha hecho por ti.

ENFOCADOS EN JESUCRISTO

2.8-10 Acuérdate de Jesucristo, del linaje de David, resucitado de los muertos conforme a mi evangelio, en el cual sufro penalidades, hasta prisiones a modo de malhechor; mas la palabra de Dios no está presa. Por tanto, todo lo soporto por amor de los escogidos, para que ellos también obtengan la salvación que es en Cristo Jesús con gloria eterna.

Acuérdate de Jesucristo, ¡aquí está la clave! Me decía mi esposa, humildad no es que te consideres tú el más pequeño de todos, es que ni te consideres, que veas a Cristo, que no tengas un enfoque o una manera de pensar tuya, simplemente que renuncies a ver tu condición y te enfoques en Jesús, en su gracia y misericordia, en la gran muestra de amor que hizo por ti y que puedas apreciarla, disfrutarla y vivirla como un atleta, legítimamente. Hay dos aspectos del linaje de Jesús que no debemos olvidar: su humanidad, él puede compadecerse porque fue tentado en todo, pero sin pecado, él tuvo sed, tuvo hambre, lo traicionaron y murió en una cruz para que tú puedas vivir; por otra parte, él es el hijo de Dios, fue resucitado con poder de entre los muertos y esa vida, cuando te esfuerzas en la gracia, está disponible para ti, para que experimentes una vida diferente, una vida nueva, no una vida religiosa e hipócrita, sino que dependas de Dios, que te humilles ante Dios. ¿Cómo se esfuerza uno en la gracia de Dios? Va de rodillas en la mañana y le pide ayuda a él, va a la Palabra, la memoriza, la medita, pertenece a un grupo pequeño, le pide a su esposa que ore por uno, ora por su esposa, se esfuerza en enfocarse en Jesucristo.

Pablo ha sufrido mucho por causa de su devoción a Dios, por eso se pone como ejemplo, pero sabe que su recompensa llegará, él tiene puesta su mirada en la gloria eterna, sabe que la palabra de Dios no está encadenada y que todo será para la salvación de los elegidos en Cristo Jesús.

2.11-13 Palabra fiel es esta: Si somos muertos con él, también viviremos con él; Si sufrimos, también reinaremos con él; Si le negáremos, él también nos negará. Si fuéremos infieles, él permanece fiel; Él no puede negarse a sí mismo.

Estos versículos son un canto que los primeros discípulos solían entonar. Están escritos a manera de salmos, o sea como una poesía. Comienza con los absolutos, con estas contradicciones: si tú mueres, vas a poder vivir. ¿A qué se refiere el autor? A negarnos a nosotros mismos; el morir y tomar tu cruz es una decisión, Jesús nos dice toma tu cruz y uno la escoge, eso es esforzarte en la gracia, escoger morir para el bienestar de otros, por ejemplo cuando como padre cedes a tus derechos para velar por tus hijos, estás tomando tu cruz. Si sufrimos también reinaremos con él; esa era una época en la que el testimonio de Jesús, como en muchos lugares del mundo hoy, se daba y se transmitía con sangre, pero en medio del sufrimiento, la recompensa está asegurada. Si le negamos, él también nos negará. Cristo dice en Lucas 12.8-9: «Todo aquel que me confesare delante de los hombres, también el Hijo del Hombre le confesará delante de los ángeles de Dios, mas el que me negare delante de los hombres, será negado delante de los ángeles de Dios». El verso 13 dice que si somos infieles, la gracia de Dios no se mueve, ya que Dios es el mismo, él no puede negarse a sí mismo. Cuando nosotros somos infieles, dejamos de depender de él, nos valemos por nuestras propias fuerzas, caemos y fracasamos, por eso es una maravillosa oportunidad para reenfocarnos en aquel que siempre es fiel y que no puede negarse a sí mismo. La parábola del hijo pródigo tiene mucho que ver con esto (Lucas 15.11-32). El padre permaneció fiel a pesar de que el hijo no lo fue, es el padre quien abraza al hijo que estuvo esperando durante mucho tiempo. Y es que él, por medio del Espíritu, vive en aquellos que creemos y, por tanto, no se puede negar.

UN OBRERO QUE TRABAJA DURO...

2.14 Recuérdales esto, exhortándoles delante del Señor a que no contiendan sobre palabras, lo cual para nada aprovecha, sino que es para perdición de los oyentes.

En esta segunda parte del capítulo 2, Pablo continúa exhortando a perseverar, y para ello nos compara con un obrero, un obrero que trabaja arduamente y recibe la aprobación de nuestro Señor. Particularmente en este versículo 14 nos habla de los peligros de desenfocarnos de Cristo y del evangelio. Es importante que todo lo que hagamos de palabra y de hecho sea para levantar y darle gloria a Jesús. No contendamos entre nosotros los creyentes, estas discusiones son sumamente perjudiciales y lo único que causan es perdición, confusión y ruina entre nosotros.

...QUE USA BIEN LA PALABRA

2.15 Procura con diligencia presentarte a Dios aprobado, como obrero que no tiene de qué avergonzarse, que usa bien la palabra de verdad.

Para presentarnos con diligencia ante nuestro Dios tenemos que hacerlo con prontitud, con agilidad, y también con cuidado. Presentarnos aprobados es que seamos auténticos, como cuando les hacen pruebas a todos los billetes y tienen bastantes códigos de seguridad, imaginémonos que el Señor «nos devuelva» por no haber hecho lo que la Palabra dice. Y usar la Palabra de verdad rectamente es importante porque la interpretación y aplicación correcta de ella es la medicina que contrarresta las discusiones inútiles y destructivas que vimos en el versículo anterior.

Hay una manera de usar mal la Palabra de verdad; el diablo nunca es más diablo que cuando trae su Biblia, así que ¡cuidado! Los ministros del diablo se visten de justicia y luz, siendo un engaño bien fabricado para apartarnos de Jesucristo, olvidándonos de él. Un día me encontré con alguien que iba con otra mujer que no era su esposa. Él se molestó cuando yo le platiqué sobre eso, y me dijo que por qué lo juzgaba, que si yo no había leído la Biblia donde dice que no se debe juzgar a nadie: «No juzguen a nadie, para que nadie los juzgue a ustedes. Porque tal como juzguen se les juzgará, y con la medida que midan a otros, se les medirá a ustedes» (Mateo 7.1, NVI). Lo que dice ese texto es que nunca evalúes a alguien con una regla con la cual tú no estás dispuesto a medirte; cuando corregimos a nuestros hijos, debemos ser ejemplo nosotros primero, no podemos exigirles que no digan mentiras, si somos los primeros en decirlas, no podemos ser hipócritas religiosos. Por eso es bueno estudiar la Palabra de Dios como lo hacemos aquí, verso por verso de un capítulo, para no sacar un verso fuera de contexto y encontrar un pretexto, como hizo esta persona que engañaba a su esposa. Casi toda doctrina rara se puede apoyar en la Biblia, pero porque está sacada del contexto. Debemos reconocer lo que dice 2 Pedro 1.20-21 (NVI): «Ante todo, tengan muy presente que ninguna profecía de la Escritura surge de la interpretación particular de nadie. Porque la profecía no ha tenido su origen en la voluntad humana, sino que los profetas hablaron de parte de Dios, impulsados por el Espíritu Santo». Los santos hombres de Dios fueron inspirados por el Espíritu Santo, por lo tanto la Biblia se interpreta a sí misma. El mejor comentario de la Biblia es la Biblia misma.

2.16-18 Mas evita profanas y vanas palabrerías, porque conducirán más y más a la impiedad. Y su palabra carcomerá como gangrena; de los cuales son Himeneo y Fileto, que se desviaron de la verdad, diciendo que la resurrección ya se efectuó, y trastornan la fe de algunos.

El término *palabra* proviene del griego *logos* que significa que hay un mensaje. Detrás de todas las filosofías y de todas las religiones hay un mensaje, y su propósito es desviar nuestra atención y nuestra confianza de Jesucristo; estas enseñanzas se extienden como gangrena y ¿qué es gangrena? Un tejido que se necrosa porque le falta circulación. La Biblia dice que la vida de la carne está en la sangre, en otras palabras un miembro se necrosa por falta de vida, y Cristo dice mis palabras son espíritu y son vida (Juan 6.63). Así que cuando dejas de escuchar la Palabra de Jesucristo te mueres y estás listo para creer cualquier mentira.

Pablo plantea que Himeneo y Fileto se desviaron de la verdad y ¿cuál es esa verdad? Cristo dice al Padre en su oración: «Santifícalos en tu verdad; y tu palabra es verdad» (Juan 17.17). Es decir, ellos se desviaron de la Biblia, y Cristo dice que escudriñemos las Escrituras porque ellas dan testimonio de Jesús. Se nota que estos dos hombres aprendieron de la Palabra, pero como dice Juan es sus cartas: «Salieron de nosotros, pero no eran de nosotros, porque si hubiesen sido de nosotros, habrían permanecido con nosotros» (1 Juan 2.19), y por qué no permanecieron. Ellos decían que la resurrección ya había tenido lugar. Cristo habló de la resurrección de los justos, habló de la resurrección para vida y para muerte. En 1 Corintios 15 hay una explicación acerca de la resurrección, Pablo en sus cartas habla acerca de que cuando Cristo venga seremos transformados y otros que estén durmiendo ya serán resucitados. Entonces si eso ya se hubiera efectuado, tendríamos un cuerpo nuevo, exento de la corrupción del pecado. Pero todavía la muerte y el pecado están en nosotros, fuimos justificados y estamos siendo salvos por medio de la Palabra y del poder del Espíritu Santo que es la santificación. Y esas dos personas dicen que no pecan, que son gente impecable que se dedican a ver la paja en los otros y no a ver la viga en sus ojos propios. Ese es el peligro de quitar tu mirada de Cristo.

2.19 Pero el fundamento de Dios está firme, teniendo este sello: Conoce el Señor a los que son suyos; y: Apártese de iniquidad todo aquel que invoca el nombre de Cristo.

El primer fundamento es el divino, el que le pertenece a Dios; el segundo nos pertenece a nosotros. Y lo que nos corresponde a nosotros es apartarnos de la iniquidad. No se vale estar coqueteando con doctrinas seudoespirituales, seudobíblicas que separan nuestra confianza de Cristo y de su obra. Según este contexto, necesitamos apartarnos de esas doctrinas. Y Dios, que nos conoce, nos protege y nos hará darnos cuenta de que debemos apartarnos de la falsa enseñanza.

2.20-21 Pero en una casa grande, no solamente hay utensilios de oro y de plata, sino también de madera y de barro; y unos son para usos honrosos, y otros para usos viles. Así que, si alguno se limpia de estas cosas, será instrumento para honra, santificado, útil al Señor, y dispuesto para toda buena obra.

Mediante un lenguaje metafórico, Pablo nos compara con instrumentos que pueden ser para la honra del Señor, y otros que se apartarán de sus caminos para contaminarse. Si nos limpiamos de las malas influencias existe la posibilidad de purificarnos y volver a Cristo. ¿Cuál es la manera de limpiarnos? En Efesios 5.20-22 dice que Cristo murió para presentarse una iglesia limpia y sin mancha, y ha efectuado una purificación a través del lavamiento del agua, a través de la Palabra. Esta es como agua que nos limpia y lava; mientras nos apartamos de estas raras doctrinas, necesitamos hacer de la lectura de la Biblia una disciplina diaria. Tenemos que responsabilizarnos por lo que nosotros mismos creemos. Si te limpias así, serás un instrumento apartado para Dios, útil y dispuesto para toda buena obra.

2.22-24 Huye también de las pasiones juveniles, y sigue la justicia, la fe, el amor y la paz, con los que de corazón limpio invocan al Señor. Pero desecha las cuestiones necias e insensatas, sabiendo que engendran contiendas. Porque el siervo del Señor no debe ser contencioso, sino amable para con todos, apto para enseñar, sufrido.

Otra manera de limpiarnos es huyendo de deseos prohibidos, de la codicia, y esto no tiene que ver solo con los jóvenes, esto nos compete a todos sin excepción. Un discípulo de Jesús es llamado a huir de esto, particularmente en el área de la pureza física, pero también debe poner filtros, a lo que ve en el televisor, la computadora, etc., poner filtros incluso a los sueños. El príncipe de las tinieblas te acusa aun cuando nadie sabe. Tenemos que esmerarnos en la justicia, la fe, el amor y la paz; y como dice el dicho: «Dime con quien andas y te diré quien eres», es súper importante el compañerismo, no se huye solo apagando el televisor o la computadora, se huye con una llamada telefónica, asistiendo a un grupo pequeño, haciendo de la oración un estilo de vida, teniendo comunión con los hermanos.

Para que podamos ser verdaderos obreros aprobados debemos también apartarnos de discusiones y esforzarnos en ser amables y apacibles. Esto que estamos leyendo, Dios lo está poniendo en nuestro corazón para que a su vez lo pongamos por obra y seamos maestros y ejemplo para otros.

2.25 Que con mansedumbre corrija a los que se oponen, por si quizá Dios les conceda que se arrepientan para conocer la verdad.

Pablo considera que con mansedumbre y humildad se puede corregir de manera eficaz a los adversarios para que se arrepientan. Pero quién concede el arrepentimiento en una persona. Solamente Dios, y no es una obra de la carne el arrepentirse, es una obra del Espíritu, cuando te convence de pecado. El arrepentirse es un regalo de Dios, y si estás siendo convencido por Dios arrepiéntete porque después el corazón se endurece, es quebrantado y entonces ya no hay medicina.

2.26 Y escapen del lazo del diablo, en que están cautivos a voluntad de él.

En este versículo 26, tomado de la versión Reina Valera dice: escapen del diablo, parece como si el que estuviera en el trono fuera el diablo, parece que él tiene una trampa, un plan, pero en otras versiones dice que vuelvan en sí de la trampa. Cualquier cosa que te distrae del evangelio de Cristo es una trampa; sin embargo, cuando vuelves a poner tu mirada en Jesucristo y te fortaleces en la gracia, porque Cristo no vino por los justos, sino por los pecadores, vuelves en sí y eres libre. Tú no tienes que pelear una batalla, Cristo ya la peleó por ti, exhibido públicamente, triunfando sobre todas las huestes de maldad en la cruz del Calvario (Colosenses 2.15). Ya Cristo lo hizo, ahora solamente despierta para poner tu mirada en Jesucristo.

PADRE CELESTIAL...

Amantísimo Señor, reconozco que la gracia es un favor que no merecemos y que solo tú puedes darnos. Reconozco que en nuestra debilidad tu poder se perfecciona (2 Corintios 12.9-10). Sin ti no somos nada, por eso ayúdame a reflejar esa gracia, a vivirla y a esperar el fruto de la gracia en la vida de otros.

Padre precioso, líbranos de los peligros que acarrea el desenfocarnos de ti, y permite que nos presentemos a tu presencia como obreros que no tienen de qué avergonzarse, siendo instrumentos útiles en tus manos, haciendo uso de la Palabra de verdad, siguiendo la justicia, la fe, el amor y la paz. Y, por sobre todo, como buenos aprendices de Jesucristo permite que podamos enseñar a otros que sean idóneos para que a su vez transmitan y preserven el conocimiento de la verdad.

En el nombre bendito de Cristo Jesús, nuestro único Señor y Salvador. Amén.

PREGUNTAS PARA LA REFLEXIÓN

1. ¿En qué parte de la cadena del verso 2 estás en este momento (Pablo, Timoteo, hombres fieles, otros)?

2. ¿A qué se parece más tu relación con Jesús: a un soldado, un atleta o un labrador?

3. ¿Estás siendo diligente en tu estudio de la Biblia? ¿Qué leíste esta semana? ¿Memorizaste algún verso de la Palabra de Dios esta semana?

4. ¿Has estado expuesto a alguna doctrina que te aparta del evangelio de Jesucristo esta última semana? ¿Cómo fue tu reacción? ¿Cuál debe ser tu reacción en tal caso?

5. ¿Te consideras un instrumento útil al Señor según lo que enseña este capítulo?

6. ¿Cómo estás huyendo de las pasiones juveniles, en relación con la televisión, la computadora u otro? (Trata de dar una respuesta práctica que sea útil al grupo. Procura no lucir religioso.)

3

ANTES DEL REGRESO DE JESUCRISTO

Luego de haber vivido por treinta y ocho años en la ciudad de México, debido a los altísimos niveles de contaminación que por muchos años esa bella ciudad ha tenido, y por otro lado debido también a alergias que me acompañaron durante toda mi niñez, desarrollé un asma bronquial severa, por lo que el doctor me dijo que la única manera de mejorar mi estilo de vida era huyendo de ese gran peligro para mi salud. Entonces fue que mi familia y yo nos cambiamos a la ciudad mexicana de la eterna primavera (cada país tiene una, ¿verdad?) llamada Cuernavaca. Después de siete años en esa ciudad y de haber plantado una hermosa iglesia, nos reclutó el Señor para comenzar una nueva aventura de fe en Chicago; parecía que estuviéramos huyendo de la violencia, ya que un tiempo después, se desató una guerra encarnizada contra el narco en aquella ciudad. Por otra parte, la ciudad de Chicago nos recibió con un hermoso campo misionero para hacer ministerio aunado con sus peligrosas temperaturas de invierno, así como con sus peligrosísimos tornados durante la época de otoño.

Después de otros siete años plantando una hermosa iglesia allí, Dios nos volvió a llamar, pero ahora al sur de California, a plantar Semilla Eastside. Otra vez parecía que estuviéramos huyendo de las peligrosas inclemencias del tiempo cuando nos cambiamos a California. La semana que llegamos, a dos cuadras de nuestra casa robaron un automóvil usando la violencia, mataron al conductor justo en la cuadra donde acostumbro caminar, y para colmo, el ladrón después de matar a dos trabajadores más, se quitó la vida. Parece que por más que quisiéramos huir del peligro, este siempre nos encuentra, esta allí, casi al asecho constante.

¿Cuáles son los peligros que un líder cristiano, seguidor y discípulo de Jesucristo debe enfrentar? ¿Cuáles de ellos, y cuáles no, representan una verdadera amenaza para su persona y para la obra que Dios le ha confiado? ¿Cómo conocerlos para poderlos enfrentar sin huir, y al enfrentarlos, cómo saber que estamos haciendo lo correcto y que al final nos mantendremos haciendo lo que el Señor nos encargó hacer?

La respuesta a esta y otras importantes preguntas se encuentran en este capítulo que Pablo le escribe a su aprendiz ante el inminente peligro que está a punto de enfrentar.

EL PREDOMINIO DEL PECADO

3.1 También debes saber esto: que en los postreros días vendrán tiempos peligrosos.

Este verso 1 nos habla de los últimos días, una época conocida como el tiempo de los gentiles, y que comprende el periodo entre la ascensión de Jesús al cielo y y su segundo regreso. A toda esa era se le conoce en la Biblia como los últimos tiempos. Ya se estaban viviendo desde entonces, y Pablo dice que son peligrosos. Esta es una palabra que se usa pocas veces en la Biblia, y una de ellas es cuando Jesús fue a ayudar a liberar al endemoniado cruzando el mar de Galilea para llegar a Gadara.

¿Por qué son peligrosos estos tiempos? Podríamos hablar del crimen o de la descomposición social y civil; pero no es precisamente eso lo que hace a estos tiempos peligrosos. No son las circunstancias, son las personas las que hacen a estos tiempos peligrosos, como veremos en los versículos del 2 al 5.

3.2-4 Porque habrá hombres amadores de sí mismos, avaros, vanagloriosos, soberbios, blasfemos, desobedientes a los padres, ingratos, impíos, sin afecto natural, implacables, calumniadores, intemperantes, crueles, aborrecedores de lo bueno, traidores, impetuosos, infatuados, amadores de los deleites más que de Dios.

Me llama la atención que la primera característica que se menciona es el egoísmo, y es que en muchos seminarios de autoayuda se habla de que si no te amas a ti mismo no puedes amar a nadie; sin embargo, lo que la Biblia dice y enseña es diferente; que el hombre está demasiado intoxicado por reclamar sus derechos, por pedir y buscar satisfacción para él y no encontrarla. Santiago 4.3-4 dice: «Pedís, y no recibís, porque pedís mal, para gastar en vuestros deleites». Salomón escribe que el ojo del ser humano jamás está satisfecho (Proverbios 27.20) y en otro texto dice que el ojo no se cansa de ver ni el oído de escuchar (Eclesiastés 1.8). Parece que para esta búsqueda de satisfacción no hay fondo; somos amadores de nosotros mismos y ese es un problema. Nos volvemos egoístas, sin embargo Cristo dice que es mucho más feliz el que se enfoca en otros que el que se enfoca en sí mismo.

Pero la lista no termina, continúa con avaros, vanagloriosos, soberbios, blasfemos, desobedientes a los padres, ingratos, impíos, amadores de los deleites más que de Dios, traidores, etc. Todos estos numerosos pecados tienen una base común, pensar que somos el centro de todo.

3. 5 Que tendrán apariencia de piedad, pero negarán la eficacia de ella; a éstos evita.

La característica más fuerte es la de este verso 5: «Tendrán apariencia de piedad, pero negarán la eficacia de ella». ¡Con esa gente ni te metas! Jesús les dijo: «Vosotros sois de vuestro padre el diablo, y los deseos de vuestro padre queréis hacer» (Juan 8.44). Aparentan ser cristianos, pero se aman tanto a sí mismos que no pueden darle su vida a Jesucristo. Si antes habíamos visto en el capítulo 2, versículos del 24 al 25, que debemos ser amables y humildes para corregir al adversario, con la esperanza de que Dios les conceda el arrepentimiento, ¿cómo ahora debo evitar a estas personas? Porque su objetivo es destruir los hogares de los creyentes, como lo vemos en los versos siguientes.

3.6-9 Porque de éstos son los que se meten en las casas y llevan cautivas a las mujercillas cargadas de pecados, arrastradas por diversas concupiscencias. Estas siempre están aprendiendo, y nunca pueden llegar al conocimiento de la verdad. Y de la manera que Janes y Jambres resistieron a Moisés, así también éstos resisten a la verdad; hombres corruptos de entendimiento, réprobos en cuanto a la fe. Mas no irán más adelante; porque su insensatez será manifiesta a todos, como también lo fue la de aquéllos.

Significa que no son la clase de personas a las que debemos enseñarles; ellas siempre quieren aprender, pero no pueden ¿por qué? Según el Talmud, un libro histórico intertestamentario, Janes y Jambres son los magos egipcios que resistieron a Moisés cuando Dios lo envió a ir al Faraón para que dejara ir al pueblo y ¿qué pasó? Moisés abrió su vara como lo mandó Dios y esta se convirtió en serpiente, así mismo hicieron los magos, abrieron las suyas y se convirtieron en serpiente, pero la de Moisés devoró a las de ellos (Éxodo 7.11-12). Esto significa que se resisten a la verdad, quieren aprender pero no llegan al conocimiento de la verdad. En otras palabras, el conocimiento de la verdad no es un conocimiento intelectual, sino una relación que establezco entre mi persona y Jesús porque él es la verdad, es el camino, y es la vida (Juan 14.6). Algunos creen que el cristianismo es solo un intelecto, y por eso muchos hemos hecho del cristianismo una mera religión, porque tenemos mucha sapiencia, doctrina, «sabiduría», pero la verdadera sabiduría es temer a Dios y ¿cómo puedo temer a Dios sino con mi conducta y con mis actos?

La Biblia te confronta, y cuando te arrepientes te da la medicina para vivir una vida diferente. ¿Cómo estas personas peligrosas llegaron a este punto, cómo llegaron a ser engañadas y a engañar a la gente, cómo llegaron a ser personas tan viles? Pues cuando la Biblia les dijo que se arrepintieran no lo hicieron. Dice Proverbios 29.1: «El hombre que reprendido endurece la cerviz, de repente será quebrantado, y no habrá para él medicina». Cuando la Biblia te confronta, lloras, pero la Palabra de Dios dice que: «Dichosos los que lloran porque serán consolados» (Mateo 5.4, NVI). Si esto no hubiera pasado, tendría una incapacidad de amar y de servirle a Dios increíble, y la Biblia dice que el propósito de este mandamiento es el amor que nace de un corazón limpio, de una buena conciencia y de una fe no fingida (1 Timoteo 1.5).

EL ANTÍDOTO

3.10-11 Pero tú has seguido mi doctrina, conducta, propósito, fe, longanimidad, amor, paciencia, persecuciones, padecimientos, como los que me sobrevinieron en Antioquía, en Iconio, en Listra; persecuciones que he sufrido, y de todas me ha librado el Señor.

Nuevamente Pablo le enfatiza a Timoteo que siga su ejemplo, que tenga en cuenta las persecuciones y padecimientos que le han sobrevenido por mantenerse fiel al Señor, entonces se refiere a los hechos acaecidos en diferentes lugares y que la Biblia presenta en Hechos 13–14, padecimientos de los que no están exentos los cristianos.

3.12-13 Y también todos los que quieren vivir piadosamente en Cristo Jesús padecerán persecución; mas los malos hombres y los engañadores irán de mal en peor, engañando y siendo engañados.

Lo que dejó entrever en el versículo anterior, aquí se dice claramente: en algún momento de sus vidas, los creyentes padecerán a causa de su fe. Sin embargo, los malos empeorarán como prueba fehaciente de que estamos en los últimos días.

3.14-15 Pero persiste tú en lo que has aprendido y te persuadiste, sabiendo de quién has aprendido; y que desde la niñez has sabido las Sagradas Escrituras, las cuales te pueden hacer sabio para la salvación por la fe que es en Cristo Jesús.

Por eso Timoteo debe mantenerse firme en lo que ha aprendido y seguir a los que le han enseñado. Pablo hace referencia a un nuevo comienzo; los últimos tiempos son peligrosos, pero son solo el fin que dará inicio a una nueva realidad, entonces, Timoteo, permanece en lo que has aprendido, asegúrate de estar listo para un nuevo comienzo.

Muchos de nosotros conocemos la Biblia, pero el verso 15 nos dice que a través de ella podemos ser sabios para la salvación por la fe. Algunas personas saben de la Biblia, conocen lo que dice, son sabios en ella, pero eso no las hace salvas, eso no les garantiza estar listas para un nuevo comienzo, una nueva realidad ¿por qué? Porque la salvación no es por el conocimiento, es por fe; es importante conocer, pero la salvación que es gratuita se da en el corazón y cuando ponemos por obra creyendo lo que sabemos.

3.16-17 Toda la Escritura es inspirada por Dios, y útil para enseñar, para redargüir, para corregir, para instruir en justicia, a fin de que el hombre de Dios sea perfecto, enteramente preparado para toda buena obra.

A veces hay algunos pasajes en la Biblia que son difíciles de recibir porque te confrontan con ese corazón duro que tienes, por ejemplo, Mateo 5.44: «Amad a vuestros enemigos, bendecid a los que os maldicen». Precisamente en ese momento le pregunto a Dios por estas cosas y siempre recibo del Señor algo así como: ¿qué parte de la palabra TODA no entiendes? Toda la Biblia es inspirada por Dios, es el aliento mismo de Dios. Los santos hombres de Dios fueron inspirados por el Espíritu Santo, él es el autor de la Biblia.

En ella aparecen sesenta y seis libros, de allí la palabra Biblia, del término biblos que significa libros, escritos en un periodo quizás de 1500 a 2000 años, por más de cuarenta y cuatro autores de diferentes estratos sociales. Llama la atención la increíble unidad y ausencia de contradicciones de la Biblia, y la autoridad al hablar de ciencia, arqueología, historia, geografía. Hay críticos que piensan que la Biblia contiene la Palabra de Dios, pero que no necesariamente es la Palabra de Dios, y esto es peligroso porque entonces nos hacemos jueces del texto, en lugar de que el texto nos examine como lo dice Hebreos 4.12: «Ciertamente, la palabra de Dios es viva y poderosa, y más cortante que cualquier espada de dos filos. Penetra hasta lo más profundo del alma y del espíritu, hasta la médula de los huesos, y juzga los pensamientos y las intenciones del corazón» (NVI). Por esto es que la gente cambia, no cuando se les llena la cabeza de conocimiento. La letra mata, pero el Espíritu vivifica, y esto sí que tiene el poder para transformar nuestra vida. La Palabra es útil para enseñar, pero ¿cómo? Si lees los evangelios, Jesús enseñaba y ese fue su énfasis, redargüir del error, y por medio de la Palabra hacer un examen para que te convenza y te examine, luego viene Dios para quitarte el corazón de piedra y ponerte uno sensible a su voz, y más tarde te entrena.

PADRE CELESTIAL...

Señor, venimos a tu presencia una vez más en señal de gratitud. Gracias por tu generosidad, porque diste a tu Hijo unigénito para el perdón de nuestros pecados. Mi agradecimiento infinito por tu bondad y tu gracia. Sé que debemos enfrentar todo tipo de peligros que nos rodean y que vienen de la mano de muchos pecados cometidos por el hombre, vicios, maldad egoísmo, avaricia, iniquidad, falsos maestros, violencia, etc. Por eso permite que podamos permanecer fieles a ti, instruidos en el conocimiento de las Sagradas Escrituras, preparados para toda buena obra, grabando en nuestra mente y nuestro corazón los valores bíblicos, y viviendo una vida piadosa que sea de tu agrado.

En el maravilloso y dulce nombre de tu Hijo Jesucristo te lo imploramos. Amén.

PREGUNTAS PARA LA REFLEXIÓN

1. ¿Cuál de los pecados descritos del verso 1 al 5 has tratado de cubrir con una «apariencia de piedad»?

2. Cuando la Biblia te confronta con alguna falta, ¿cuál es tu tendencia? ¿Resistes la verdad o recibes la verdad?

3. ¿Estás pagando algún precio por ser obediente a la Palabra de Dios? ¿Cuál?

4. ¿Cuál de estos efectos de la Palabra de Dios necesitas más en tu vida: enseñanza, ser confrontado con tus pecados, corrección, instrucción?

4

AL SERVICIO DEL MINISTERIO

Acabo de regresar de la estación del tren con mi hijo Erick, fuimos a dejar a mi esposita Gaby, que estará de viaje, fuera del país, por un lapso de tres días. La confesión en este caso entre Erick y yo es muy interesante porque si mamá no está, él no come un plátano porque no sabe cómo pelarlo, y no crean que mi caso es muy diferente, yo respiro porque de eso se encarga mi cerebro, mis pulmones y el resto de mi organismo, para todo lo demás... ¡NECESITO A MI ESPOSA! Ahora, no sé cómo enfrentar la situación en su ausencia, con tantas y tantas cosas que ella hace durante un fin de semana, lo mismo en casa como ama de casa, esposa, madre de cinco muchachos, y al frente de discipulado, oración y consejería en esta nueva aventura de fe sembrando Semilla Eastside en California junto conmigo. Esto aunado a TODO lo que en mi rol como pastor tengo que hacer, particularmente en este fin de semana en que mi amigo Ernesto D'alessio generosamente viene a ayudarnos a hacer evangelismo, dirigiendo la adoración con su música, etc... Honestamente me es difícil concentrarme y distinguir entre lo urgente y lo importante.

Muchos líderes cristianos nos dejamos seducir y manipular por tantas cosas urgentes que es necesario hacer y dejamos las que verdaderamente son importantes a un lado. Al final nos preguntamos el porqué de nuestra falta de enfoque y gran ineficiencia en aquello que Cristo nos encomendó. Yo he llegado a una conclusión: una cosa es una necesidad y otra muy diferente un llamado de Dios, no son lo mismo ni se parecen. Una viene de nuestra apreciación de las circunstancias que nos rodean, la otra viene y solo puede venir directamente de Dios.

¿Cuáles son las pautas para saber distinguir entre uno y otro? Mientras muchos pueden suplir diversas necesidades, ¿cuál es el llamado de Dios para un líder cristiano?, solo él puede responder.

PREDICA LA PALABRA

4.1-2 Te encarezco delante de Dios y del Señor Jesucristo, que juzgará a los vivos y a los muertos en su manifestación y en su reino, que prediques la palabra; que instes a tiempo y fuera de tiempo; redarguye, reprende, exhorta con toda paciencia y doctrina.

Ya aquí Pablo se está despidiendo. Es el último capítulo de su última carta. Él habló mucho del regreso de Cristo, vivió como creyente treinta y dos años, y día tras día estuvo alerta esperando el regreso de Jesucristo, eso lo mantuvo así, con una esperanza viva, real, eterna en los cielos.

Pablo no se cansa de exhortar a Timoteo, aquí lo insta a predicar la Palabra, a compartir de Jesús cuando vea fruto o cuando aparentemente no lo vea, porque la Biblia por sí misma tiene poder para dar fruto. Anuncia la Palabra, especialmente en los últimos tiempos, con paciencia y sana doctrina, dos elementos esenciales en la enseñanza.

4.3-4 Porque vendrá tiempo cuando no sufrirán la sana doctrina, sino que teniendo comezón de oír, se amontonarán maestros conforme a sus propias concupiscencias, y apartarán de la verdad el oído y se volverán a las fábulas.

La doctrina cristiana, la sana doctrina será rechazada cada vez más , aparecerán maestros que le van a decir a la gente lo que quiere oír, y las personas creerán cualquier cosa. ¿Qué es una fábula? Pues las cosas que la Biblia no enseña, por ejemplo, algo que se dice por ahí, que la gente que tiene dones espirituales es más espiritual que la que no los tiene. Y sabemos que esto es falso porque los corintios estaban llenos de dones espirituales y, sin embargo, eran bien carnales. Es decir, que la gente tendrá oídos para escuchar cualquier cosa, por extraña e ilógica que parezca, y le darán la espalda a la verdad.

4.5-6 Pero tú sé sobrio en todo, soporta las aflicciones, haz obra de evangelista, cumple tu ministerio. Porque yo ya estoy para ser sacrificado, y el tiempo de mi partida está cercano.

Por sobre todas las cosas, Timoteo debe mantenerse al servicio del ministerio, de la evangelización, de la predicación, es el encargo final. La vida de Pablo se acaba y está dispuesto a derramar la última gota por aquel que murió por él.

LA CORONA DE JUSTICIA

4.7-8 He peleado la buena batalla, he acabado la carrera, he guardado la fe. Por lo demás, me está guardada la corona de justicia, la cual me dará el Señor, juez justo, en aquel día; y no sólo a mí, sino también a todos los que aman su venida.

En 1 Timoteo 1.18 habíamos visto a Pablo exhortando a su joven alumno a pelear la buena batalla; en esta ocasión nos dice que él ha peleado la buena batalla, se ha mantenido en la fe. Y cuál es la meta. Cristo. «Olvidando ciertamente lo que queda atrás, y extendiéndome a lo que está delante, prosigo a la meta, al premio del supremo llamamiento en Cristo Jesús» (Filipenses 3.13-14). Y como se ha mantenido en la fe tiene garantizada la corona celestial, la justicia de la vida eterna, pero esta no es solo para Pablo, es la recompensa para todos los que anhelan el advenimiento glorioso de Jesucristo.

4.9-11 Procura venir pronto a verme, porque Demas me ha desamparado, amando este mundo, y se ha ido a Tesalónica. Crescente fue a Galacia, y Tito a Dalmacia. Sólo Lucas está conmigo. Toma a Marcos y tráele contigo, porque me es útil para el ministerio.

Detengámonos aquí. Demas es mencionado en la carta a los colosenses, en el capítulo 4, versículo 14, como alguien que manda saludos y que es un colaborador, sin embargo en esta ocasión ya no es uno de esos, es alguien que ha desamparado a Pablo y ¿por qué sucede esto? Porque estamos en tiempos peligrosos, y Demas desamparó a Pablo y se alejó de Jesús porque amó a este mundo. La Biblia enseña que «si alguien quiere ser amigo del mundo se vuelve enemigo de Dios» (Santiago 4.4, NVI). En relación con Marcos, sabemos que Pablo había tenido una diferencia con él, y que lindo es que al final de su vida esa diferencia se haya arreglado y en esos momentos era un gran colaborador.

4.12-13 A Tíquico lo envié a Éfeso. Trae, cuando vengas, el capote que dejé en Troas en casa de Carpo, y los libros, mayormente los pergaminos.

Pablo dijo en Filipenses 3.7: «Todo aquello que para mí era ganancia, ahora lo considero pérdida por causa de Cristo. Es más, todo lo considero pérdida por razón del incomparable valor de conocer a Cristo Jesús, mi Señor. Por él lo he perdido todo, y lo tengo por estiércol, a fin de ganar a Cristo» (NVI). Él había sido el principal de los judíos, incluso una persona con dinero, y al final de su vida a los ojos del mundo podía parecer una persona miserable, ¿cómo así la capa? Pues esto parecía ser todo lo que tenía Pablo al final de su vida, y sus libros o más bien pergaminos, los escritos que atesoraba en su corazón y en su alma, que le daban propósito, razón y rumbo a su vida; las Escrituras, y él fue quien dijo: «como pobres, mas enriqueciendo a muchos; como no teniendo nada, mas poseyéndolo todo» (2 Corintios 6.10). Lo más importante no es la manera de terminar nuestros días, sino la forma de comenzar una nueva vida cuando lleguemos a la meta, al reino manifestado.

4.14-15 Alejandro el calderero me ha causado muchos males; el Señor le pague conforme a sus hechos. Guárdate tú también de él, pues en gran manera se ha opuesto a nuestras palabras.

Pablo advierte a Timoteo que se cuide de Alejandro, un opositor que había atacado la verdad de Dios, pero como un fiel seguidor de Jesucristo, deja todo en las manos del Señor. La Biblia nos dice que nadie se va a justificar por sus obras, sino porque Cristo murió.

4.16-18 En mi primera defensa ninguno estuvo a mi lado, sino que todos me desampararon; no les sea tomado en cuenta. Pero el Señor estuvo a mi lado, y me dio fuerzas, para que por mí fuese cumplida la predicación, y que todos los gentiles oyesen. Así fui librado de la boca del león. Y el Señor me librará de toda obra mala, y me preservará para su reino celestial. A él sea gloria por los siglos de los siglos. Amén.

Pablo hace alusión a una defensa en la que no tuvo apoyo, sin embargo dice que «no les sea tomado en cuenta». Son las palabras justas de Jesucristo: «Amen a sus enemigos y oren por quienes los persiguen» (Mateo 5.44, NVI) Lo verdaderamente importante es que la presencia del Señor se manifestó y le dio fuerzas para la predicación de la Palabra. ¡Qué bella enseñanza! Si estás empezando el año de una manera difícil, ya sea desde el punto de vista económico, familiar o relacional, ahora es cuando más real es Jesucristo. En esos momentos en que te abandonan, en que te traicionan, mira la fidelidad de Dios, aquel que escribió: «Aunque mi padre y mi madre me dejaran, con todo, Jehová me recogerá» (Salmos 27.10). Cuando más difícil es la prueba, más cerca y más real se siente al Señor, y no es que no esté presente en otros momentos o que no sea real, es que hay tantas cosas que nos distraen y, sobre todo, la comodidad hace que bajemos la mirada del cielo y la pongamos en las cosas de la tierra.

4.19-22 Saluda a Prisca y a Aquila, y a la casa de Onesíforo. Erasto se quedó en Corinto, y a Trófimo dejé en Mileto enfermo. Procura venir antes del invierno. Eubulo te saluda, y Pudente, Lino, Claudia y todos los hermanos. El Señor Jesucristo esté con tu espíritu. La gracia sea con vosotros. Amén.

Fíjense en este último versículo, que sea este el que cierre nuestros pensamientos, y que sea el que le ponga el tono, el sabor a los años que vienen: la gracia, el amor de Dios. Todo pasará pero hoy «permanecen la fe, la esperanza y el amor, estos tres; pero el mayor de ellos es el amor» (1 Corintios 13).

PADRE CELESTIAL...

Padre amado, en medio de esta vida tan agitada y con tantas ocupaciones nos proponemos centrarnos en los que nos has encomendado como tus aprendices. Gracias por ser tus discípulos, gracias por tu Palabra que es espíritu y es vida (Juan 6.63).

Gracias por habernos dejado este manual que es nuestra guía en la iglesia del Dios viviente, columna y baluarte de la verdad (1 Timoteo 3.15).

Permite que como ministros de Jesucristo podamos enseñar tu Palabra para guiar a otros a la luz porque la exposición de tus palabras alumbra (Salmos 119.130), y que lo podamos hacer con paciencia y sana doctrina, soportando el sufrimiento, mantenidos en la fe y dedicados a la evangelización, cumpliendo con el ministerio y con la firme confianza en la corona celestial.

Porque en el dulce nombre de tu hijo Jesucristo te lo imploramos. Amén.

PREGUNTAS PARA LA REFLEXIÓN

1. ¿De qué manera práctica estás esperando el regreso de Jesucristo: predicando la Palabra, haciendo obra de evangelista, soportando las aflicciones por confiar y servir a Jesucristo, u otra manera?

2. ¿Sabes cuál es tu ministerio o servicio para Jesucristo? ¿Lo estás cumpliendo?

3. ¿Cuál es tu actitud hacia la sana doctrina? ¿La conoces, la ignoras, eres indiferente, la defiendes o solo la conoces pero no la vives?

www.ingramcontent.com/pod-product-compliance
Lightning Source LLC
LaVergne TN
LVHW030635080426
835510LV00022B/3379